杜拉斯传

郝志刚◎著

时代文艺出版社

图书在版编目（CIP）数据

杜拉斯传/郝志刚著．—长春：时代文艺出版社，2015.12（2023.7重印）
（世界文学大师传记丛书）
ISBN 978-7-5387-4872-7

Ⅰ．①杜… Ⅱ．①郝… Ⅲ．①杜拉斯，M.（1914～1996）—传记 Ⅳ．①K835.655.6

中国版本图书馆CIP数据核字（2015）第210623号

出 品 人　陈　琛
责任编辑　刘瑀婷
助理编辑　史　航
装帧设计　孙　利
排版制作　隋淑凤

本书著作权、版式和装帧设计受国际版权公约和中华人民共和国著作权法保护
本书所有文字、图片和示意图等专有使用权为时代文艺出版社所有
未事先获得时代文艺出版社许可
本书的任何部分不得以图表、电子、影印、缩拍、录音和其他任何手段
进行复制和转载，违者必究

杜拉斯传

郝志刚 著

出版发行/时代文艺出版社
地址/长春市福祉大路5788号　龙腾国际大厦A座15层　邮编/130118
总编办/0431-81629751　发行部/0431-81629755
官方微博/weibo.com/tlapress　天猫旗舰店/sdwycbsgf.tmall.com
印刷/北京市一鑫印务有限公司
开本/710mm×1000mm　1/16　字数/145千字　印张/12
版次/2015年12月第1版　印次/2023年7月第3次印刷　定价/36.00元

图书如有印装错误　请寄回印厂调换

目录 Contents

序言　谜和爱的交织 / 001

第一章　灵性源泉
  1. 父母的宿命 / 002
  2. 不以承受之爱 / 006
  3. 也许"家园" / 012
  4. 命运的转盘 / 015

第二章　骗子、同谋、牺牲品
  1. 玛丽的决定 / 020
  2. C小姐的交换 / 025
  3. 突然的自我 / 028
  4. 蝶变 / 032

第三章　拍卖青春
  1. 牺牲品 / 038
  2. 返程途中 / 042
  3. 不期而"遇" / 046
  4. 骗子与同谋 / 050

第四章　情人
  1. 天使与恶魔 / 056
  2. 爱情渐暖 / 060
  3. 余烬中挣扎 / 064
  4. 无须告别 / 069

第五章　辗转漂泊
  1. 溢彩之都 / 074

2. 昨日重现 / 078
    3. 新生活 / 082
    4. 救赎 / 086

第六章　一些人
    1. 让·拉格罗莱 / 092
    2. 罗伯特·安泰尔姆 / 096
    3. 婚礼 / 100
    4. 圣伯努瓦街五号 / 106

第七章　战争开始
    1. 迪奥尼斯·马斯科罗 / 112
    2. 抵抗组织 / 118
    3. 营救 / 120
    4. 最后的审判 / 123

第八章　起、承、转、合
    1. 罗伯特的重生 / 130
    2. 第三种爱情 / 135
    3. 抵挡太平洋的堤坝 / 138
    4. 热拉尔·雅尔罗 / 143

第九章　写作
    1. 作家 / 148
    2. 广岛之恋 / 152
    3. 诺夫勒城堡 / 159
    4. 如愿以偿 / 161

第十章　尾声
    1. 酒精 / 166
    2. 扬·安德烈亚 / 168
    3. 《情人》 / 172
    4. 蒸发 / 175

附　录
    杜拉斯生平 / 180
    杜拉斯年表 / 182

序言

谜和爱的交织

玛格丽特·杜拉斯,法国当代最著名的女小说家、剧作家和电影艺术家。她是一名堪称当代法国文化骄傲的作家,一名引导世界文学时尚的作家,一名坦荡走入通俗读者群体的严肃作家,一名与昆德拉、村上春树和张爱玲并列;是小资读者时尚标志的女作家,一名富有传奇人生经历、惊世骇俗叛逆性格、五色斑斓爱情的艺术家。

杜拉斯的文笔与独特风格使许多当代女作家为之着迷。她们拜倒在杜拉斯脚下,把她的作品当作《圣经》,写作时把杜拉斯的作品放在工作的桌子上,刻意模仿杜拉斯式的优美、绝对而神秘的句子。

但无论如何模仿,她们笔下的句子仍是邯郸学步。毕竟，玛格丽特·杜拉斯是一名法语作家，一名典型的感性且不可捉摸的法国女性。

法国评论家米雷尔·卡勒-格鲁贝尔称："承认或者隐而不说，是形成杜拉斯作品风格的魅力所在。"意指的震颤波动，它来源于灵魂的力量，而灵魂附属于一个特定的肉体，因此，它怎么可能被轻易模仿呢？

1984年玛格丽特·杜拉斯完成了自传体小说《情人》并凭此获法国著名的龚古尔文学奖。此时，她已70岁了。对于15岁半在湄公河渡船上与中国情人相识相爱的经历，70岁的杜拉斯仍写得饱含激情。

因为时间的尘封，记忆的积压以及作家对历史俯瞰式的洞察力，这激情被表现得丰富深邃、充满张力。这种非线型的、把故事寓于情绪之中如泣如诉的写法，对传统文学阅读是当头一棒，全世界的读者都惊奇于这种杜拉斯式的写法。

爱情故事之中交织着在殖民地家族创业失败的背景、对母亲与兄弟的爱与恨、青春的希望与绝望，所有这些形象、这些感情都以极端而惨痛的语言表现出来，悲怆而低沉。它们使人想到作家年轻时，或者盛年时，未必能有如此表达悲剧的力量。

一个女人在她白发苍苍时回首她的青年时代，对爱恨都可能付诸平静而温厚的一笑，时间打磨、削平了一切极端化的情绪。

而对于一位女作家就不一样了。经历时间打磨，爱的更爱，恨的更恨。玛格丽特·杜拉斯的写法就是诗。半个多世纪的时间使这诗显出一种隧道般的幽深与霹雳般的亮度来，直入人心。

除此之外，杜拉斯一生的每一段时间，都在欲望、爱情、激情和写作这几样内容上迂回、旋转。

1935年，21岁的杜拉斯在巴黎的法学院读书时就浪漫史不断，她当时是个漂亮而放荡的少女。1939年，杜拉斯与罗伯特·安泰尔姆结婚，对方是她前一个情人的好朋友，也是她一生信赖的兄长和朋友。

1942年，玛格丽特·杜拉斯认识了迪奥尼斯·马斯科罗，并对他一见钟情，觉得他是"美男子，非常美的美男子"。她施展全身魅力征服他，最后两人双双堕入爱河。

半年后，玛格丽特引见迪奥尼斯认识了安泰尔姆，三个人的关系明朗化，从此过着和平共处的生活。

接下去的十年内，这两个男人先后离开了她，而玛格丽特·杜拉斯依旧过着自己渴望的、充满爱情、欲望和激情的矛盾生活。直到70岁，玛格丽特·杜拉斯依然如此。

1980年，杜拉斯认识了不到30岁的大学生扬·安德烈亚，他很快成了她最后的情人，并一直陪她走完了82岁的人生。

杜拉斯曾对最亲密的女友说："真奇怪，你考虑年龄，我从来不想它。年龄不重要。"每个人都可以说同样的话，但那只是一句话罢了。但对玛格丽特·杜拉斯而言，她的所言和所行，会真的是同一回事。

1996年3月3日，星期日。深受喜爱的法国当代著名女作家玛格丽特·杜拉斯走完了82年的生命旅程。她生前的最后一部作品具有一个预言般的名字——《一切结束》。

第一章　灵性源泉

1. 父母的宿命

　　父母给予玛格丽特·杜拉斯的不只是生命，更是她的灵魂。坚强与怯弱、疯狂与冷漠、欣赏与仇恨、激情与绝望，他们祈求着如此迫切的祈求，绝望着如此纯粹的绝望。

　　亨利·多纳迪厄，玛格丽特·杜拉斯的父亲，一八七二年四月九日生于法国洛特-加龙省的平民区，父亲是个鞋匠，母亲没有工作。亨利在平凡得不能再平凡的环境中长大，但却有着难以掩饰的野心和无法埋没的才华。

　　在那个文盲率还很高的时代，亨利已经意识到了教育的重要性，认识到教育是可以使其摆脱贫穷与平凡的最佳途径，而且他确实很有这方面的天赋。通过不懈的努力，凭借着自己的人格魅力与睿智头脑，亨利于二十二岁那年，已经成了一座男子学校的实习教师，并于同年迎娶了青梅竹马的艾丽斯·里维埃，他的第一任妻子。

　　婚后不久，年轻且野心勃勃的亨利，与大多数有着"殖民地淘金梦想"的法国年轻人一样，偕妻子来到了法国当时在亚洲的殖民地——印度支那。在那里，支教的法国教师享受着比较优厚的薪金待遇，提升的空间也很大。不久后，亨利被任命为嘉定师范学校的校长，并在印度支那迎来了两个儿子的出生，他为他们取名为让·多纳迪厄与雅克·多纳迪厄。

　　那个时候的印度支那被法国政府宣传为"法国未来的谷仓，有待开垦的处女地"。可毕竟是未开垦的处女地，当地的气候条件与卫生条件都很差，很多欧洲人抱着他们的发财梦活力四射地来到那里，几年之后便被当地的生存环境榨干了精力，病恹恹地回到了欧洲。

来到印度支那后，亨利的物质条件虽然大有改善，一家人的生活也算美满幸福，可幸福的生活最终还是被恶劣的生活环境打破了。二儿子雅克出生不久后，艾丽斯便得了很严重的地方病，一病不起。两个儿子的身体也很虚弱，以至于艾丽斯不得不带着两个儿子，离开丈夫回法国休养。当时亨利的身体状况也不理想，但刚刚受任的校长职位、年轻人的野心使他无视身体的不适，坚持留在了印度支那。

艾丽斯回到法国后，身体逐渐恢复。她非常担心独自留在印度支那的丈夫，所以身体康复后，艾丽斯便带着儿子重新回到了印度支那，回到了丈夫身边。考虑到让的身体仍很虚弱，于是她只带回了二儿子雅克，把大儿子让留在了法国亨利的父母家中。

可是艾丽斯的身体并没有完全复原，体质还很虚弱，所以刚刚回到丈夫身边的艾丽斯不久又病倒了。这次艾丽斯病得十分严重，很快便被病痛折磨得气若游丝，并于不久后，永远离开了她深爱的丈夫和两个儿子……

玛丽·勒格朗，玛格丽特·杜拉斯的母亲，一八七七年四月八日出生于法国阿图瓦蒙特勒伊叙尔梅区的弗日热。玛丽的父亲是个批发商，母亲打些缝补浆洗的零工。玛丽的家境比较贫寒，她在充满爱意但多少有些艰难的环境中长大。

虽然后来父亲开了家面包店，家境多少有些改善，但母亲斤斤计较的性格，却永远烙印在了玛丽的童年记忆中，这也解释了为什么在之后的生活里，玛丽总是对物质有着如此强烈的渴求。

玛丽是个聪慧而有见地的女孩，她的成绩一向很好。父母对女儿的天资感到非常骄傲，对其求学之路给予了很大的支持。玛丽的父母是虔诚的天主教徒，他们很自然地将小玛丽送进了天主教学校。在那里，玛丽学习天主教教义，过宗教节日，每个星期天都去做弥撒。她信奉上帝，对拥有的一切充满感恩。

就这样，玛丽顺利完成了天主教学校的学业，并于十八岁那年通过一系列严格繁琐的考试，从众多考生中脱颖而出，被杜艾师范学校录取。自此，玛丽第一次离开家人，成了杜艾师范学校的一名寄宿生。在师范学校的学习生活对玛丽的人生观世界观起到了非常重要的影响，直接影响了其日后对生活的态度。

师范学校的教育理念与天主教学校完全不同。师范学校的教学不提及宗教，年轻的女子不必被许多清规戒律所主宰。这里灌输给青年学生们的是对社会的责任感，是作为教师高尚而神圣的使命，是对供他们上学的共和国知恩图报，而非上帝。

在师范学校里，富人家的孩子和穷人家的孩子没有区别，女学生除了要额外修满缝纫、烹饪等课程的学分外，其余与男学生没有任何区别。在这里，玛丽学习的是人文科学、社会科学和哲学，这使她的眼界越发开阔，思想越发理智。在这里，玛丽树立了坚定的理想——投身教育，消除人与人之间的歧视，让每个孩子都能沐浴知识的甘霖。

玛丽在杜艾师范学校学习生活了三年，三年后，玛丽顺利从杜艾师范学校毕业，并获得了高级教师资格证书。同年秋天，玛丽开始了她作为教师的职业生涯。

最初几年，玛丽供职于法国公众教育部，并在此结识了她的第一任丈夫弗拉维安·奥布斯屈尔。弗拉维安也是一名优秀的小学教师，两个年轻人一见钟情，相识不久后便决定结婚。婚后不久，激情满怀的弗拉维安便与大多数年轻教师一样，响应了奔赴殖民地的召唤，偕妻子一起来到了印度支那。玛丽从那时起，便开始了随后很长一段时间的支教生涯。

来到印度支那的最初几年，奥布斯屈尔夫妇过着富足而幸福的生活。但不久后,阴云便笼罩了这个美满的家庭。玛丽的丈夫弗拉维安患上了严重的肌肉收缩性疾病,以至于不得不离开心爱的妻子,回到法国进行疗养。也正是在这时,玛丽邂逅了与弗拉维安同在一所学校任教的亨利·多纳迪厄。

可是,回到法国的疗养对弗拉维安的病情似乎并没有什么效果。不久后,他便离开了人世,留下玛丽一个人,在遥远而陌生的印度支那孤独而无助地生活。

失去丈夫的玛丽与失去妻子的亨利此时似乎有着某种灵魂的默契,更或是宿命的相惜。玛丽是个身材高挑,容貌端庄,散发着知性气质又不失女性魅力的年轻女人。而亨利更是有着迷人的外表和令人无法抗拒的笑容。浅栗色的须发,宽阔的前额,线条硬朗的面庞,一双深邃的浅灰色眼睛,目光柔和友善,却总是透露出疲惫。

也许因为亨利的脆弱被玛丽无意间发现,也许亨利对玛丽的处境如此怜惜,两颗漂泊的心被奇妙的命运巧妙地牵引着,深深地坠入了爱河。深深相爱的两个人抵挡不住爱情的火焰,于是亨利在妻子去世不久后,便迎娶了玛丽。两个疲倦的灵魂终于找到了心灵的归宿。

亨利与玛丽的婚姻一路走来并不轻松,甚至用充满艰辛来形容也不为过。当时的人们并不能接受他们这种"闪婚"的方式,更有为数不少的人非常质疑亨利与玛丽的人品。毕竟,他们的婚姻距离亨利第一任妻子艾丽斯的去世只有短短五个月。

亨利迎娶玛丽时,已经是当地一所学校的副校长了,虽然他们的婚姻并没有直接撼动亨利在学校地位,但种种质疑却给他的晋升带来了极大的麻烦。而玛丽的处境并不比亨利乐观多少。亨利的第一任妻子艾丽斯是个温和可爱的女人,她在当地的白人圈子中很受欢迎。而玛丽与之恰恰相反,她是个见解独到,很少微笑的女人,很少与身边的白人接触。

也许白人圈子中的大多数人对玛丽本就有敌意，而玛丽根本不认为有必要去在乎别人的看法，也并不打算去缓和这种关系。因此，即使有了亨利的爱护，这位多纳迪厄夫人仍然是孤立孤独的。玛丽的心中总有一块阴影是阳光照不到的，即使再幸福的时刻，即使再强烈的爱意，也无法将那抹阴影化开。当她幸福地转过身去，笑容中总有一抹漠然的凄凉。

2. 不以承受之爱

玛格丽特·杜拉斯的父亲再婚后不久，他们的大儿子出生了，他们为他取名为皮埃尔·艾米尔·亚力山大·多纳迪厄，他是母亲玛丽长久以来的精神寄托。玛丽是如此爱他，为这个儿子倾注了全部的心血和毕生的精力，直至玛丽过世时，她还要求今后要把自己最疼爱的儿子与自己葬在一起。

自皮埃尔出生后，亨利的身体状况就急剧下降。他的身体非常虚弱，经常头痛，胃病也非常严重，整个人迅速消瘦下来。当时的印度支那医院对亨利做了非常全面仔细地检查，但没有查出任何结果，也许他只是太累了。亨利面对的是整个家庭的经济负担，是社会的种种质疑，是周边的指指点点，是妻子的固执，还有对家庭那份重得说不出的爱。

皮埃尔出生一年后，亨利与玛丽的第二个儿子，保尔·阿尔弗雷德·奥古斯特·多纳迪厄出生了，他便是玛格丽特·杜拉斯之后一直称为"小哥哥"的人。此时，亨利虚弱的身体已经不允许他继续留在印度支那。于是，一九一二年四月，亨利带着妻子与两个孩子回到了法国。

回到法国后，亨利感到非常疲惫，他的身体越发虚弱了。他意识到自己的身体状况已经完全不允许他再回到印度，于是便没有按照之前与政府约定的时间回到印度支那，而是在法国长久地留了下来。

在法国的疗养对亨利的身体很有好处。在自己的国家，自己熟悉的环境，自己家人的身边，一切都是那么自然惬意。经过一年多的休养，亨利的身体逐渐恢复过来，脸上也有了红润，而他的妻子玛丽此间的生活却并不开心。亨利的家人一直对他的第一任妻子艾丽斯非常喜爱。即使艾丽斯已经病故多年，但在亨利家人的心中，她仍是亨利的妻子，唯一的妻子。

艾丽斯，这位温柔贤良的女人，她符合当时社会对一位贤妻良母的所有要求，在亨利家人的心目中有着无可取代的地位。因此，当理智得甚至有些冷漠的玛丽出现在亨利家人面前时，家人对她产生了本能的排斥。而玛丽过于理智而自我的性格，逐渐将这种排斥恶化成了敌意。只是，亨利的家人，包括亨利自己都没能发现玛丽坚强外表下那颗脆弱而敏感的心。

与亨利家人的紧张关系，对亨利所表现出的漠然的失望，以及那种令人绝望的孤独感在玛丽敏感的心中不断累积着。同时，玛丽想要逃离这个全然不属于她的家庭，想要回到自己的世界，想要找寻安全感的渴求也不断地积聚着。

女人的欲望一旦被激起就绝不可能消失，如果被压抑，她的渴求反而会更加强烈，直到全面爆发！终于，玛丽再也无法忍受这种令她窒息的孤立与绝望，于是她毅然带着她的两个儿子皮埃尔与保尔回到了印度支那，留下亨利一个人在法国，"享受"他的天伦之乐。

如果之前亨利没有意识到玛丽的孤独与绝望，如果之前亨利还完全沉浸在法国的浪漫风情中，如果之前亨利只能感觉到家人带给他的温馨幸福，那么此刻，该是他觉醒的时候了。玛丽的离开是如此的决绝，那是一个女人的心被伤到什么程度才能呈现出的绝望啊！惨烈的、不顾一切的，抛开所有的爱与希望，带着报复的快感，绝望地离开了。

亨利是深爱着玛丽的，他是如此的在乎她，他是如此的悔恨与自责。因此，玛丽走后不久，亨利便回到了印度支那，回到了她深爱的妻子与孩子们的身边。

亨利的让步与诚意使玛丽受伤的心逐渐平和下来，她逐渐恢复了原有的冷静。这个经历了痛苦与分裂的家庭也逐渐回到了正轨。回到印度不久，也许是亨利为了展现对妻子的爱，也许是玛丽为了巩固家庭的和谐，总之，很快他们又有了第三个孩子，家中的小女儿，玛格丽特·日尔曼尼·多纳迪厄。

玛格丽特的出生为家里带来欢乐的同时，也增添了父母的辛劳与压力。玛丽是个极敏感的女人，她是如此深爱依恋着自己的丈夫。她希望亨利可以陪在她的身边，陪在她的家人身边，但又深知印度支那的环境对大病初愈的丈夫的危害。对于丈夫的陪伴，她倍感幸福又极度自责，她的心没有过片刻的安宁与平和。

因此，为了分担丈夫的压力，为了可以让亨利更多地休息，玛丽拼命地工作，透支着自己的心血与精力，即使在临产的那几天，她也几乎没有停止过教课。就这样，挣扎的内心、透支的身体使玛丽越来越憔悴。她患了严重的关节炎，得了疟疾，心脏也经常出问题。更糟糕的是，亨利的病情在此时又加剧了。他每天饱受病痛的折磨，终于有一天，他彻底病倒了。

亨利被送去当地医院急诊，军医诊断他得了非常严重的肺出血、肠绞痛和痢疾。印度支那总督命令他必须立即回法国接受医治。就这样，亨利被送回了法国。从此，玛丽又成了一个孤独的女人，一个无助的母亲。

亨利此次病得实在太严重了，此次回国疗养并没有使亨利再次复原。事实上，亨利正在一天天的衰弱下去，苍白下去。亨利也许已经意识到自己时日无多，已经不再希冀可以再次好起来，他只希望自己生命最后的时光可以用来陪在深爱的妻子与孩子身边。因此，他说服了医生和政府，决定重新回到印度支那。

当亨利满怀着对生命的释然登上开往印度支那的轮船时，命运再度与这个心力交瘁的男人，与他风雨飘摇中的家庭开了个玩笑。战争在此时打响了，法国军队就在开往印度支那，开往玛丽和孩子们的轮船上找到了已经极度虚弱的亨利。军队并不顾及亨利的身体状况，而是执意将亨利征兵入伍了。命运，这就是命运，令人绝望又不许人反抗的命运，如此残忍的命运。

亨利入伍后，根本无法承受部队的训练，他在部队一次次地病倒。实际上，他几乎一直住在部队医院，从来没有上过前线。也许，命运并不打算让这个有野心、有抱负的年轻人为国效力、战死沙场。命运安排的一切，也许只是为了把亨利与他的家庭分开，只是为了上演一场爱别离、求不得的好戏。

在亨利离开印度的这段时间，玛丽一个人承担了所有的家庭负担，坚强而勇敢地抵挡着来自各个方面的压力。她是一个普通收入的小学老师，她是一个独自抚养三个孩子的母亲，她是一个不受欢迎的女人。亨利离开印度后，来自社会对她的指指点点更多了。

在学校，领导虽然赏识她的才华，但考虑到她紧张的人际关系，一直不敢重用她。实际上，即使是领导，欣赏的也只是她的才华。而至于身边的同事，虽然表面上对玛丽还说得过去，但当她转过身后，总有人在背后窃窃私语。即使那些"善良"的人们，大都也只是在冷眼看着这个独身女人的笑话。

玛丽，一个缺乏安全感的女人，一个渴望被爱的女人，一个极度敏感又非常脆弱的女人。只是，宿命似乎注定她这条船找不到港口靠岸，注定她只能得到深刻却短暂的爱，只留下铭记一生的遗憾。于是，玛丽不再相信上帝，不再指望别人。她敏感得如此冷漠，脆弱得如此坚强。后来，当玛格丽特回忆母亲时写道：她并不怀疑上帝的存在，只是在她的生命中，上帝一直缺席。

丈夫的离开、归来、再离开，带给玛丽的是一次次的失望、希望，直到绝望。当亨利被征入伍后，玛丽似乎已经不再对他的归来与守候抱有希望。实际上，亨利在部队的这段时期里，几乎音信全无。玛丽对他的病情一无所知，也并没有表现出任何关心。在她的生活中，在她的家庭里，似乎已经没有关于亨利的记忆与等待了。

亨利入伍不久后，他的身体就成了部队的负担。当亨利再次病倒的时候，他被送回了疗养院进行全面疗养。这一次，亨利彻底放弃了对生的希望，放弃了对家庭的渴望。他的目光涣散了，他的意识苍白了，他只是一天天躺在床上，等待着死亡。

一个半月后，亨利平和而安详地走了，安安静静地走了。他去世的时候，身边没有一个人。没有牧师的安魂祈祷，没有家人的恸哭，没有痛苦，只有安详与解脱。

对于丈夫的死，玛丽是有预感的。亨利去世前的夜晚，玛丽很平静地对三个孩子说："你们的父亲要走了。我看见一只代表死亡的鸟，它之前一直落在我窗前的枝头。但是今天，它飞走了。"说这段话的时候，玛丽异常平和。没有表情，没有语调，什么都没有。

可是，当丈夫的死讯传来时，玛丽的表现却超乎所有人的意料。她拒绝相信死亡的消息，拒绝在死亡证明上签字，拒绝一切可以证明亨利已经去世的东西。她固执地相信亨利可以再次逃脱厄运，就像她从来没有放弃对生活的希望一样。

玛丽实在是个非常奇特的女人，她有着超乎女人，甚至超过男人的理智与果敢。亨利的去世带给玛丽的只是短暂而强烈的痛苦。

她很快恢复了平静与理智，甚至马上想到要从丈夫的死中得到她应得的好处。

丈夫去世后，玛丽马上向当地政府提出了申请，要求领取寡妇抚恤金，要求政府支付三个孩子的抚养费。她的申请起初是恳求且迫切的，可是政府似乎并不想支付这个女人额外的补助，因此既不拒绝也不回应，只是拖延着。

此时玛丽的生活确实极其艰难，刚刚失去丈夫的她此时又失业了。并且在相当长的一段时间里，她都没能找到新的工作。此时的玛丽脸色纸一样惨白，眼窝深陷，栗色的长发枯草一般挽成一个小小的苛刻的发髻。她总是嘴唇紧闭，神情严肃，目光中充满着挑剔。

而生活的艰难还远不止于此。某个早晨，玛丽竟然在家门口的垃圾箱里发现了一个女婴！小女儿玛格丽特要求母亲把女婴抱回家抚养，而玛丽执意不肯。毕竟失业的玛丽已经抚养了三个既要吃饭又要上学的子女，她确实再没有能力去抚养一个素昧平生的弃婴了。

可是，最终善良的玛丽还是妥协了，她将女婴抱回家中抚养。玛格丽特非常喜爱这个女婴，把她当作自己的小妹妹。玛丽当时已经身心俱疲，照料女婴的工作都是由玛格丽特来完成的。尽管玛格丽特对女婴的照顾无微不至，玛丽也为这个弃婴付出了很多心血，可是这个女婴最终还是没能存活下来。几个月后，这个小生命得了重病离开了人间。

薪水停止发放了，可是生活还要继续。玛丽的三个孩子还要吃饭，还要受教育，还有花不完的钱要花。玛丽在生活中找不到可以支持的力量，便把所有的情感都寄托在了大儿子皮埃尔身上。但是，皮埃尔并不能让她欣慰。他不喜欢学习，没有工作，而且沉溺于鸦片。

也许，在这样一个家庭中，家庭成员之间虽然有爱，但却无法进行良性的沟通。因此，在这样的家庭氛围中，每个人的内心都是孤独的。所以，皮埃尔选择吸食鸦片，小哥哥保尔选择打猎，最小的玛格丽特只是一个人默默坐在楼梯上，心里想了很多很多，可又什么都没在想。

玛丽对孩子们的要求非常苛刻。她从来不像其他母亲那样去拥抱她的孩子们，也几乎从来不对她们笑。她对孩子们诅咒抱怨，对身边的人诅咒抱怨，对一切发生的、逝去的事情诅咒抱怨。白天，她恨亨利，她恨他如此深爱过她却又那么不负责任地离开她。她恨她的孩子们，她恨他们不能理解她，不能体谅她，不能成为她的依靠。而到了夜晚，她是如此思念亨利，她是如此深爱而依恋自己的孩子们。

玛丽夜里会和自己的孩子们躺在同一张床上入睡，她害怕夜晚，她需要他们陪着她。但她总是用抱怨来平和自己的恐惧，用指责来表达对孩子们的爱。所以，孩子们离她越来越远了。玛丽爱她的丈夫和家庭，她爱他们、恨他们、依恋他们、逃避他们、在乎他们、诅咒他们。玛丽的丈夫和孩子们同样深爱着她，他们爱她、怕她、心疼她、冷漠她、尊重她、厌恶她。

3. 也许"家园"

玛格丽特的父亲就这样走了，安静平和，没有顾及家人的孤独和他们未来的命运。父亲去世后，失业的母亲带着三个孩子生活得无比艰难。母亲玛丽一次次尝试着与当地政府斡旋，要求当地政府发放给她寡妇抚恤金，而政府一直态度冷漠，置之不理。母亲的态度从迫切恳求到歇斯底里,可无论怎样,强大的命运只是任由她哭闹,任由她希望、失望、绝望。

正如玛格丽特回忆母亲时写到的:"母亲是一个虔诚的宗教徒,非常虔诚。她信奉上帝,只是上帝在她的生命中一直缺席。"玛丽总是一个人自言自语,对已故的丈夫倾诉、对自己倾诉、也许也会对缺席的上帝倾诉。玛丽倾诉着她的委屈、她的无辜、倾诉着从未放弃的希望和命运如此慷慨的绝望。

失业的玛丽一直没能再找到理想的工作。那时的玛丽,是一个被贫穷和孤独活剥了的女人。迫于生活的无奈,不久后,玛丽只好带着她的三个孩子回到了法国普拉提埃,丈夫亨利的家。这是玛格丽特第一次来到法国,她对法国最初的印象,是温馨、幸福、美好的。玛格丽特在这里住了两年,那是段沉浸在快乐幸福中的短暂时光,是玛格丽特童年记忆中极罕见的美好回忆的一个片段。

法国普拉提埃的家是一幢漂亮的房子。一座漂亮的别墅包围在大片大片的杜果树中,果树有大片大片肥厚的暗绿色油亮叶子,叶片总是挂着新鲜的雨珠,上面跳跃着会笑的阳光。玛格丽特喜欢房子的露天阳台,在那里能望见远方连绵不绝的象山。她经常陷在露天阳台的长椅里,望着远处的象山出神,望着,想着,直到象山柔美的轮廓朦胧在夜色中。

玛格丽特喜欢这幢别墅中的每个小细节:风中飞舞的门帘,烤炉中烤面包的"呲呲"声,玻璃窗上雨水滑落的轨迹,果树上鸣叫的夏虫……在这段有如梦幻的时光中,玛格丽特形成了对法国独有的浪漫情怀,完美、纯净、自由、安宁。

在这里,玛格丽特结识了她童年时期唯一的伙伴,伊威特——一个被邻居收养的孩子,大家都叫她"内内"。玛格丽特是一个内向又孤独的孩子,伊威特与之恰巧相反,她是个活泼快乐的女孩儿。她的开朗快乐影响着玛格丽特,带动着玛格丽特,灿烂了她的法国时光，点亮了她的童年记忆。

两个女孩儿经常一起趿着木拖鞋手拉手奔跑在柔软的草地上，奔跑在午后温暖的阳光中。她们穿过森林草地，蹚过河流小溪，一起打闹着，叫嚷着，欢笑着。每周四下午，玛格丽特都会带着伊威特去神父家中玩儿，神父总是从柜子里拿出烤饼干和果酱招待两个孩子。他喜欢这两个可爱的小姑娘，她们也喜欢他。

到了晚上，玛格丽特经常会在伊威特家睡觉，她喜欢伊威特的家，不喜欢自己的家，尽管她知道自己深爱着自己的母亲。收养伊威特的是一个被儿子儿媳从家中赶出来的老人，她给她们讲古老东方神秘的故事，对她们慈祥的微笑。

在法国的这段日子里，母亲玛丽仍没有放弃与生活抗争，她被迫地向周围的一切索取着。毕竟，她经历了太多，承受了太多。她穷怕了，她是个被世界孤立的女人，是个内心孤独的女人，是个被贫穷与苦难活剥了的女人。

在玛格丽特享受着法国的浪漫美好的同时，母亲玛丽正在与亨利的家人争夺普拉提埃房子的所有权。玛丽要求亨利的家人将房契证明正式改到她的名下，但夫家人对她这种对金钱无限攫取，对世界只有索求的做法十分鄙夷。他们非常强硬地拒绝了玛丽的要求，并拒绝再与之来往。他们怎么能想象到这个有着坚毅冷漠表情的女人所承受的痛苦呢。就这样，玛丽与夫家人的情意就此永远结束了。

不过即便如此，母亲玛丽并没有放弃争夺。她从不向世界低头，从不放弃挣扎，尤其对于物质与金钱，她一向锱铢必较，毫不通融。已经与夫家人的关系非常僵化的玛丽，此时突然提出要争夺丈夫亨利与前妻的两个孩子的抚养权，并要求领取这两个孩子的抚恤金。

虽然夫家人对此非常反感，不过玛丽还是成功了。她虽然没有得到普拉提埃的房子，不过她最终获得了亨利与前妻的两个孩子的抚养权与抚恤金，即使她对他们并不疼爱，也根本没有抚养过他们。

两个孩子的抚恤金虽然让玛丽得到了金钱欲望上的满足，但就在欲望被满足的喜悦尚未消退时，丈夫亨利临终时的遗言却在玛丽的心上重重地划了一刀。亨利就葬在离普拉提埃房子不远的多纳迪厄家庭公墓，按照死者的遗愿，与他的前妻艾丽斯合葬在一起。这就是玛丽深爱的男人，留给她三个孩子，然后抛下他们独自离开的男人。

亨利真的爱过自己吗？玛丽自问着。该相信他的温柔疼爱还是他的无视与冷漠？他的冷漠是身不由己，是爱得厚重深沉吗？抑或那只是因为他从来没有深爱过自己？他因为对玛丽的爱而对前妻充满歉意吗？那他过早地离开又何尝不是对玛丽的辜负呢？

玛丽的信念又一次遭受了严重的冲击。那唯一支撑着她走下去的丈夫的爱，也遭到了质疑，也不足以坚实地支撑她的情感。她唯有相信自己、依靠自己、支撑自己。她，注定孤独。

4. 命运的转盘

母亲玛丽打算一直留在法国，永远不要再回到印度支那那个伤心的地方。可命运的转盘并没打算就此放过这个命运多舛的女人。当法定休假结束后，殖民地政府立即来函要求玛丽回到印度支那继续支教。玛丽此时已疾病缠身，于是打算借此向殖民政府申请延长假期。

但申请并没有获得政府批准，政府的态度极其强硬，要求其立即动身前往印度支那，否则就停止向她发放薪金。于是，玛丽不得不立即带着她的三个孩子登上了开往印度支那的游轮。不过，这就是玛丽，从不曾放弃希望，从不曾停止从绝望中找寻希望的玛丽。虽已登上开往印度支那的游轮，她仍在给殖民政府发电报，要求不要再安排她到金边支教。

金边，是她得知丈夫死讯的地方，是她所有挣扎中挣扎得最惨烈的地方，是她所有孤独时刻中最为孤独的一段，是她痛苦的标志。金边是一个脆弱女人不敢再触碰的回忆，是一个孤独女人不敢再回到的伤心之城。玛丽充满恳求，甚至绝望地给殖民政府写信，然后满怀希望地等待着。可是没有人能理解她的痛苦，或者没有人愿意花心思去考虑这个刻薄冷漠得让人生厌的女人的痛苦。政府只是很官方地通知她去金边支教已是既定事实，要求其到达后立即赴职上任。

这里不得不提的是，在玛丽与殖民政府的斡旋中，那些平日"善良友好"的同事们，倒是阴差阳错地帮了她很大的忙。他们主动向政府提供书面材料来证明她的名声有多么糟糕，证明她是学校的不团结因素，证明只要有她在，学校的气氛是多么紧张和不安。虽然同事们的请愿并没有被政府批准，但这足以让我们想象到当玛丽再次回到这所学校，再次回到这些"善良友好"的同事们身边时，她的处境将会多么艰难。

回到学校后，玛丽的处境比之前更加艰难了。同事们在背后戳戳点点，同学们不喜欢她，最疼爱的大儿子皮埃尔又开始吸食鸦片，夫家人彻底与其断绝了联系。此时，对于这个女人，她的痛苦是加倍的，孤独是加倍的，而坚强，也同样加倍地增长着。

玛丽除了在学校任职外，下班后还做兼职法语教师。因为一直没能领到寡妇抚恤金，玛丽只能拼命地工作。也许只有这样，才能让自己没有时间去孤独、去脆弱，也只有这样，才能满足她对金钱的欲望，只能靠自己的辛苦才能满足的欲望。

就在这时，殖民政府颁布的一道法令引起了玛丽的极大兴趣，点燃了她的财富梦。政府鼓励殖民地的白人进行财富积累，帮助殖民地的白人从小地主变成大地主。所以只要购买殖民政府标价的土地，就可以得到三百亩的免费土地。

这对玛丽来讲无疑是一个天大的机遇，一个可以实现富翁梦想的绝妙机遇。她想象着自己很快就可以成为亿万富翁，成为工业巨头，成为众人景仰不可一世的富翁！于是她将自己二十年的积蓄全部拿了出来，向当地政府购买了三百公顷土地，没有给自己留任何退路。我们可以想象，当她站在自己的土地上时她是何等的兴奋与激动！这不是她的土地，这是她的王国，是她所有天真梦想与膨胀欲望的所在！

只是，玛丽这个女人太单纯了。她不懂得给丈量土地的官员送礼，不懂得向政府示好，不懂得如何收买雇佣农工的心，她只知道自己的财富梦却全然不知达成梦想的方式。所以，政府颁发给她的是三百公顷沿海的极其贫瘠根本无法耕种的土地。

这三百公顷土地，一年有半年时间是淹没在海水中的，每当潮汛期，海水便会吞噬刚刚发芽的作物。所以当第一年结束时，土地颗粒无收，但玛丽按之前签署的土地合同，必须上缴给殖民政府相当高昂的土地税费，还要支付当地农工的劳工费。可是玛丽并没有放弃，惨淡的事实甚至没能使玛丽的狂热稍稍降温，相反的，她的土地梦更加狂热了！

第二年，她要求农工们在土地与大海的交界处修筑起高高的堤坝来抵挡海水的侵袭。这个试图抵挡大海的想法在很多人看来是多么的大胆，甚至荒唐可笑啊。但这就是玛丽，这就是她的魄力，她的坚持。只是，大海并没有因为这个天真女人的坚持而让步。第二年汛期的时候，海水再次无情地摧毁了堤坝，吞噬了土地上的作物，浇灭了玛丽的狂热，击碎了这个女人已然支离的心……

　　这正是玛格丽特后来撰写《抵挡太平洋的堤坝》的灵感所在。狂热追求，倾注所有，疯狂期盼，望眼欲穿后，眼睁睁看梦想灰飞烟灭。绝望得忘记悲恸，疼痛得完全麻木，于是微笑着听心碎裂的声音。

第二章 骗子、同谋、牺牲品

1. 玛丽的决定

　　玛丽的土地梦被大海吞噬了，可她从未放弃与生活抗争，从未放弃寻找希望。租让地的发财梦破灭后，她再一次将希望寄托在了大儿子皮埃尔身上。她希望皮埃尔用心读书，有一份稳定体面的工作。此时，皮埃尔是玛丽生活的中心，是她的全部希望。

　　玛丽为什么对皮埃尔如此着迷，如此溺爱、甚至疯狂地迷恋他呢？但无论玛丽对皮埃尔的复杂情感多么热烈，最终她的希望仍然破灭了。

　　在玛格丽特的记忆中，皮埃尔总是昼伏夜出。玛格丽特经常在清晨被皮埃尔愤怒的砸门声惊醒，然后看见喝得烂醉的皮埃尔晃晃悠悠地从赌场回来，带回一身烟草、酒精、汗臭和劣质香水混合的气味。

　　玛格丽特一嗅到这种味道就全身颤抖。她知道皮埃尔回来了，玛丽的疯病要发作了，安静的早晨将不复存在，家庭的灾难即将爆发。皮埃尔怒吼着砸开家门，无视玛格丽特和保尔的存在，直冲向玛丽，骂着粗话逼玛丽去拿钱。

　　黑白颠倒的生活使皮埃尔眼窝深陷，看起来毫无生气。他面色灰白，须发糙乱，浑浊的瞳孔周围总是布满血丝。皮埃尔总是拖沓着脚走路，憔悴得如纸人一般。

　　但这虚弱的肉体里却潜藏着皮埃尔凶悍的灵魂。皮埃尔嗜赌成性，性情凶险而粗暴。也许正是他脆弱而凶悍、放纵而苛刻的矛盾人格，使玛丽深深着迷，不能自拔。

　　起初，玛丽非常纵容他，拿出全部积蓄甚至透支生活费由他去赌。天真的玛丽甚至一度把发财梦寄托在皮埃尔的赌博"事业"上，期盼有一天，可以通过这种方式改变家庭窘迫的现状！

玛丽的想法多么天真啊！虽然皮埃尔有时也会赌赢，但他从未带回家过一分钱。一旦赢了钱，他便喝得酩酊大醉，然后去街边找最便宜的妓女，一连几天不回家，在小酒馆里过着荒淫无度的生活。

倘若皮埃尔恰巧赢了一笔大钱，他会狂喜得手舞足蹈、忘乎所以，目光中透射出贪婪让人不寒而栗。那是赌徒才有的狂喜，那是背弃灵魂的贪婪。一夜暴富的皮埃尔通常会跑到烟馆，要上一杆烟枪，抽离了现实，躺在烟馆里，直到吸光身上最后一分钱。

这样的日子持续了一段时间，直到玛丽再也拿不出钱任他挥霍了。每当皮埃尔目露凶光逼着玛丽拿钱时，玛丽总是苦苦哀求，乞求的目光低微得让人心碎。

而拿不到钱的皮埃尔完全丧失了人性，毫无理智可言。他揪住玛丽的头发举手便打，张口便骂。说也奇怪，百般受虐的玛丽，不仅没有想过反抗，反而变本加厉地放纵皮埃尔。她一旦拿到钱，便分文不留地交给皮埃尔，不为保尔和玛格丽特做任何保留。

玛格丽特从来不能理解玛丽为何如此纵容皮埃尔，不能理解玛丽对皮埃尔如此变态的溺爱。

根据玛格丽特回忆：她上中学时曾非常想要一件毛呢大衣，从不向玛丽提任何要求的她在心里纠结了很久，终于还是鼓足勇气，决定向玛丽开口了。但正如玛格丽特预想的那样，玛丽十分冷漠地回绝了她。

玛丽没有责怪玛格丽特，也没有安慰她，没有抱怨，也没有解释，只是漠然地拒绝了。虽然玛格丽特不能理解玛丽对皮埃尔的溺爱，但她却很能理解玛丽对自己的冷漠。玛丽对待玛格丽特的事情，总有种置身事外的漠然。

玛丽的心一直都被皮埃尔占据着，完全没有空隙留给沉默寡言的小女儿。玛格丽特在家中总是悄无声息。她小心翼翼地看着玛丽发疯，小心翼翼地听她抱怨，然后小心翼翼地将自己保护起来。在这个压抑的家庭，玛格丽特唯一能放任自己的，只有孤独和沉默。

当时的玛格丽特虽然只有十几岁，但她已经习惯了被忽视，接受了自己在家庭中可有可无的位置。她甚至认为自己就应该得到这样的对待，她说自己不配得到关爱。

玛丽在皮埃尔身上透支了自己的希望，虽然她仍疯狂地爱着皮埃尔，但她逐渐放弃了对他的幻想，也不再将自己的意愿强加在皮埃尔身上了。

不过即便如此，玛丽仍没有注意到小女儿玛格丽特。这一次她将希望寄托在了二儿子保尔·多纳迪厄身上。

在与印度支那政府斡旋了多年之后，玛丽终于拿到了梦寐以求的寡妇抚恤金。由于保尔对汽车非常痴迷，玛丽决定用这笔钱来实现保尔的梦想，资助他开一个小型的汽车修配厂。

可是对于这个梦想，小小的一笔寡妇抚恤金远远不够。于是，玛丽决定将一家人住的房子卖掉，又一次怀抱着疯狂的梦想，投入到了另一个宏伟的计划中去。

保尔的表现要比皮埃尔出色得多，他对汽车确实有着很高的天赋。他用心经营着修配厂，吃住都在那儿，很少回家。可是，保尔痴迷的只是汽车，对金钱却没有什么概念。他所经营的修配厂技术是一流的，可营业额却连连亏损。终于，玛丽的发财梦再一次破碎了。

当寄托在两个儿子身上的希望全部破灭后，玛丽终于注意到了沉默寡言的小女儿。这一次，她将希望寄托在了对玛格丽特的教育上。虽然玛丽对玛格丽特并不十分重视，但她对女儿在学习方面的天赋很有信心。确实，一直以来玛格丽特的成绩都非常优异。

在玛格丽特十五岁的时候，玛丽将她送进了夏瑟鲁普-洛巴中学。这是当地一所非常出名的学校，所有学生都是从整个印度支那筛选出来的精英。这所学校的学生都有种优越感，能够进入这所学校学习，就代表着能力、荣耀和未来。

玛丽为小女儿申报了这所学校，很快，玛格丽特就收到了入学考试的通知。玛丽每天督促她认真准备考试，除了吃饭和睡觉，玛格丽特几乎寸步不离书桌，此时，她受到了前所未有的重视。

在入学考试分数公布的前一天，玛丽不肯回家，她整晚都在学校等待着。玛丽一圈一圈地操场上徘徊，整晚都在走，不知疲倦，幽灵一般。

第二天清早，学校便将入学成绩公示了出来。玛格丽特不负重望，分数排在了第一名，顺利考入了夏瑟鲁普-洛巴中学。

虽然这所学校的学生都是精英，但社会等级却十分严格。在这里，白人是上层阶级，当地人则是底层阶级。这所学校的女生非常少，玛格丽特感受到了从未体验过的优越感。

可是，玛格丽特并没有按照玛丽的希望成为一名乖学生。她是一名聪慧而有天赋，却孤傲叛逆的学生。玛格丽特非常排斥夏瑟鲁普-洛巴中学的等级制度。按照白人的社会地位，玛格丽特被排到了教室的前排座位，可她执意不肯，一直与当地的孩子坐在教室的最后一排。

玛格丽特继承了玛丽和亨利的聪慧，她的数学和文法都很好。但她并不像父母的学生时代那样循规蹈矩，她不喜欢被束缚，不喜欢学校的考试制度。有一次，玛格丽特叛逆地将书包丢到了一名教师的脸上，并因此受到了学校的记过处分。

虽然玛格丽特学习非常好，完全有能力轻松应付各科考试，但到考试的时候，她却常常交白卷，因此刚入学的时候，她的成绩单常常是一串零蛋。

玛格丽特的个性表现激怒了满怀期望的玛丽。她常常受到玛丽的责骂，甚至殴打。玛格丽特永远不会忘记玛丽那种绝望的目光。

这种绝望是从悲愤中生出的，是从无奈中演化的，是不放弃生活的希望，是梦想碎裂的挣扎。突然间，玛格丽特理解了玛丽的全部悲怨，她体谅了玛丽的冷漠、原谅了玛丽的责骂殴打，她开始怜悯起玛丽来。

从此，玛格丽特改变了。她努力学习，认真考试，礼貌地对待同学和老师，虽然她仍然孤傲冷漠，但却成为了一名遵纪守法的好学生。

玛格丽特的作文写得非常好，即使学校的教师们也常常惊羡于她的写作技巧。她的文章经常被当作范文在学校内传阅，师生们对她交口称赞，但玛格丽特并不以为意。

玛格丽特不仅在文学方面表现得很有天赋，她的数学成绩也非常优异。玛丽一直以来都希望女儿可以成为一名会计或者教师。可是玛格丽特只喜欢写作。在她看来，写作是一种倾诉，可以使心境平和。只有在写作的时候，她才能清楚地思考问题。

于是玛格丽特开始大量写作。作为一种心灵的需要，她的感情需要一个宣泄的闸口。玛格丽特希望玛丽可以读到她的文字，可以通过文字了解她。玛格丽特甚至期待有一天，玛丽可以为她的文学成就感到骄傲和自豪。

可是，玛丽仍然习惯性地忽视玛格丽特。她既没有关注女儿的才华，也没有为女儿的文学成就感到骄傲。玛丽仍然坚持自己的想法，执意要求女儿成为一名教师或者会计。

2. C小姐的交换

玛格丽特就读的夏瑟鲁普—洛巴中学距离一家人居住的地方非常远，当时寄宿在距离学校较近的当地白人家中是较普遍的做法。

按照安南白人社会的等级划分，玛格丽特的母亲玛丽身为小学教师，社会地位相对较低。从这样社会地位的家庭中走出来的子女，通常只能住在由修女们负责管理的价格相对低廉，生活条件相对较差的公寓里。

但顾及脸面的玛丽绝不允许自己的女儿住进白人社会底层孩子租住的公寓。于是她隐瞒自己的教师身份，将女儿送进了C小姐的寄宿公寓。

在玛格丽特的回忆中，C小姐是一个性格极其古怪、脾气近乎残暴的女人。她对玛格丽特的出身了如指掌，但她对玛格丽特有着特殊的兴趣，两人之间默契地保守着玛格丽特身份的秘密。

与玛格丽特共同寄宿在C小姐家的，还有一个比她大两岁的女孩儿，和两名当地学校的教师。那个女孩儿与玛格丽特相处得非常融洽，是当地一位高级政府官员的女儿，叫高莱特。

玛格丽特与高莱特的生活条件相差非常悬殊。她买不起高莱特那样的漂亮衣服，也过不起高莱特那样的富足生活，玛格丽特常常为此感到自卑。

玛格丽特在C小姐家生活得非常辛苦。她不仅要想尽各种办法隐瞒自己的身份，还要绞尽脑汁为自己穷困寒酸的生活编造各种合理的解释。不仅如此，玛格丽特还不得不时时装出高莱特那种天生的贵族小姐气质和优越感，来面对C小姐和一同寄宿的其他三个人。

客观地讲，C小姐对玛格丽特还是非常关照的。对于玛格丽特的出身，C小姐从来只字不提，始终替她保守着这个秘密。有时，C小姐甚至在其他三位寄宿者面前替玛格丽特解围。

当然，C小姐对玛格丽特的关照并非完全无条件。她会向玛格丽特提出要求，玛格丽特必需按照C小姐的吩咐做事，作为替她隐瞒身份的交换。

按照夏瑟鲁普-洛巴中学的规定，每个星期天下午，学校都会组织学生去植物园参观。每到这个时候，C小姐就会把玛格丽特带到公寓二楼她自己的房间，要求玛格丽特长时间地凝视她一丝不挂的身体，来满足她内心对于被爱和肉欲的渴求。

C小姐的房间有个小小的阳台，阳台临街，但她总是刻意将窗帘拉开，然后脱光所有的衣服，直直地站到窗前，仿佛期待着街上行人的目光。

午后灿烂的阳光从阳台洒进C小姐的房间，穿过她干瘪的身体倾泻下来。光影中，C小姐干枯扭曲的线条被刺眼的阳光肢解得支离破碎。她沉醉地挺起轮廓生硬的胸脯，将它们递到玛格丽特面前，逼迫她盯住它们，逼迫她欣赏。每到此时，玛格丽特总是感到一阵阵恶心。

在C小姐的房间里，在只有她和玛格丽特两个人的狭小空间里，玛格丽特能够很明显地感觉到C小姐故意营造的那种暧昧气氛。玛格丽特很清楚地知道C小姐想要引起她肉欲的冲动。

C小姐是一个老处女，从来没有过男人。她形如枯槁，皮肤像蜡纸一样附着在骨头上。她将希望被欣赏被爱抚的欲望统统发泄在玛格丽特身上，这种变态的发泄，令玛格丽特忍无可忍。

在玛格丽特的回忆中，C小姐患有乳腺癌，她的乳房干瘪下垂，而且极不对称。C小姐总是引诱玛格丽特去抚摸它们，脸上带着沉浸在臆想中的满足表情，身体因欲求不满而笨拙地扭动。

C小姐的身体总是散发着一股霉味,玛格丽特似乎能看到她的身体正在阳光中变质、腐烂……

终于,玛格丽特年轻娇美的身体,青春荡漾的心再也无法忍受C小姐变态的摧残了!

一天,当C小姐再次将那对患有癌症的乳房递到玛格丽特面前,示意她抚摸的时候,玛格丽特一把推开了她,夺门而出,逃到了门口大口大口地呕吐起来。

是的,她再也不能如此摧残自己,再也无法忍受被迫去欣赏一个变态老处女的癌症了!

玛格丽特知道得罪C小姐的后果,知道自己大难临头。她的身世即将败露,玛丽即将颜面扫地,她将被玛丽发疯似地抽打,然后被玛丽逼迫从学校退学,回到那个她深爱但却完全不爱她的、压抑得令人窒息的家。

但是,玛格丽特错了。她涉世尚浅,单凭着她强硬的拒绝、带有侮辱性的呕吐,完全没能淡化C小姐对她的兴趣。

C小姐并没有如玛格丽特预想的那样将她的身世公布于众,也没有将她赶出家门。自从"呕吐风波"之后的一段时间,C小姐甚至没有再单独找过玛格丽特。她就像什么也没有发生过一样,平和地继续着她古怪的的生活。

"呕吐风波"之后,玛格丽特生活的改变令她始料未及。C小姐不仅没有泄露玛格丽特的身份,反而对她比从前更加关照了。

之前每个星期天下午,当其他同学都去植物园郊游参观时,玛格丽特只能被迫留在C小姐的房间里忍受煎熬。但自那件事后,玛格丽特的星期天下午变得不同了。每个星期天下午,C小姐都会亲自带她去植物园,带她去观看蟒蛇吞食鸟类的过程。

这段记忆在玛格丽特的脑海中印得很深,她的小说《蟒蛇》就是以这段记忆为故事背景写成的。而其中的"长鬈毛",那个总是打扮得花枝招展的老处女，映射的无疑就是C小姐。她就像一只贪婪的蟒蛇，将食物一点点吞食，整个过程缓慢而残忍。

蟒蛇吞食猎物的过程让玛格丽特不寒而栗。可C小姐仍然每周日带她去植物园一遍遍地观看这个过程。后来，在玛格丽特眼中，这个过程一次比一次恐怖。一看到"蟒蛇吞食图"，玛格丽特便会觉得自己就是那一点点感受死亡的猎物。C小姐饶有兴致的表情，让玛格丽特感到毛骨悚然。

几星期之后，这幅残忍贪婪的"蟒蛇吞食图"便植入了玛格丽特的心中。玛格丽特再也不敢反驳C小姐的意愿，再也不敢拒绝她的任何要求了。

而正在这个时候，C小姐再次对玛格丽特提出了单独相处的要求。这一次，玛格丽特虽不情愿，但心中却感恩戴德地接受了这个要求，再次走进了她的房间，犹如踏上了一条不归路。

这一次，玛格丽特的感受与之前有所不同，虽然独处的时光仍然十分煎熬，但她已经不再感到恶心。这一次，她的眼睛虽然注视着C小姐赤裸的身体，但却可以做到心不在焉。

原来，眼睛和心是可以分开的。当一个人经历了比眼前所呈现的更可怕的事情后，眼前所见的，便不会再那么触目惊心了。

3. 突然的自我

高莱特，与玛格丽特一同寄宿在C小姐家中的女孩，当地政府高级官员的千金。高莱特皮肤白皙、身材颀长，栗红色的长发编成两条粗粗的辫子，走路时总是一甩一甩的，那么快乐，那么骄傲。

虽然高莱特的成绩远不如玛格丽特那么优秀，但在学校却倍受欢迎。玛格丽特经常看到大种植园主家的儿子，开着拉风的雪铁龙汽车等在C小姐家门口，一等就是几个小时，只为请高莱特去喝杯咖啡。

在玛格丽特的回忆中，高莱特年轻漂亮、活力四射，她是玛格丽特心目中的完美女孩，是玛格丽特一直以来想要成为的那种女孩。玛格丽特对高莱特的生活充满向往，同时又感到自卑。这种从羡慕中生出的嫉妒折磨着玛格丽特，也渐渐疏远了她身边的人。

在C小姐家中，自卑的玛格丽特除了写作，其他的时间就用来观察高莱特的生活。她发现高莱特经常接到总督大人的舞会请柬，和高贵优雅、衣着考究的母亲一起出席上层社会的聚会。在玛格丽特眼中，高莱特的母亲举手投足都那么矜持优雅，散发着令人着迷的女性魅力。

玛丽也会经常来到C小姐的住处看望女儿，但她的探望却总是让玛格丽特感到难堪。玛丽虽然是当地的小学教师，但在穿着打扮方面却令人不敢恭维。

每次看望女儿的时候，玛丽都尽力打扮得体面些，以配合她"体面"的身份。但那古怪的装束，却让玛格丽特在其他人面前十分尴尬。每当玛丽怪里怪气地出现在玛格丽特面前，玛格丽特总想转身跑掉，她宁愿玛丽没有来过。

玛丽总是喜欢在午后探望女儿。在灼烧的阳光和街道混浊的空气中，玛丽穿着脱了线的长筒袜，踏着沾满尘土的破损皮鞋出现了。她走路很快，但步子迈得很垮，一路走得歪歪扭扭。

玛丽的衣服都很旧，过时的裙子上布满洗不掉的油污。她的连衣裙总是非常褶皱，好像从来没有熨烫过。玛丽戴的帽子是很多年前农场的农民流行的款式，但时尚流行的变更并没有在玛丽身上起到任何作用，她依然美滋滋地戴着这顶过时的帽子看望玛格丽特。

玛格丽特深爱着玛丽，这种爱一直到玛格丽特八十几岁时仍然持续着。很多年来，玛格丽特一直是玛丽生活中的一个盲点。玛丽听不到她，看不到她，也感觉不到她。而此时玛丽忽然注意到了小女儿的存在，并且前来探望，玛格丽特忽然得到了多年来求而不得的爱。

如今，梦想接连破灭的玛丽已经将全部希望寄托在了玛格丽特身上。但是，当玛丽不顾路途辛劳出现在玛格丽特面前时，玛格丽特竟然感到耻辱，竟然嫌弃自己如此深爱的母亲！

玛丽的到来总是让玛格丽特感到耻辱，但这种耻辱感使玛格丽特感到更加耻辱。这种纠结矛盾的心情折磨着玛格丽特，她觉得自己是个不值得被爱的坏女孩。

是的，玛格丽特是渴望被爱的。她渴望像高莱特那样有很多追求者，渴望参加贵族学生的网球俱乐部，渴望和贵族男孩们一起参加舞会，疯狂旋转、挥霍青春、尽情欢笑。

在玛格丽特自己眼中，她身材瘦小，肤色苍白，脸上有雀斑。她的头发因为缺乏营养而干枯毛燥，以至于不得不紧紧地盘在脑后。玛格丽特很少讲话，走路时总是低着头，逃避所有人的目光，仿佛每个人都能看穿她的心事。

就这样，一个充满野性的姑娘被自卑的心理改造得温顺而胆怯。

而事实上，玛格丽特娇小的身材使她看上去非常可爱。她个子虽然不高，但身材匀称，看上去很有质感。玛格丽特皮肤白皙，柔嫩光滑。吹弹可破的脸蛋儿上的几颗雀斑，又为这个性感的姑娘增添了几分可爱。

玛格丽特从不像其他姑娘那样散开长发，这让人觉得她非常神秘。外加一贯冷漠的表情，足以使这个姑娘引起所有人的注意和好奇。

渐渐的，玛格丽特似乎也感觉到了身边人对自己的注意。她有时会忽然盯住一个正在看她的人的眼睛与之对视。她认真去读那眼神，用心去读，用感觉去读，用女人的直觉去读。

渐渐地，她发现那眼神中有怀疑也有探究，有排斥也有吸引，甚至有时，她还能从男孩子的目光中读到爱慕和追求。

渐渐地，玛格丽特心中的自我意识萌发了。她遗传了玛丽那种抗争的性格，注定不是一个逆来顺受的乖乖女，而是一个个性十足的姑娘。

从前的玛格丽特像是一只被当作猫咪豢养在笼中的美洲狮。她可以温顺，可以撒娇，但总有一天会长大。当玛格丽特的自我意识觉醒后，她会回到丛林中，回到自己原来的生活轨迹上，重新找回自我，找回个性。

于是，重拾自我的玛格丽特开始学着从容不迫地走路，努力抬起头，用骄傲审视的神情迎接每束投来的目光。

她不再为旧旧的过时的衣裙自卑，因为这就是她的风格。她不再羡慕女孩子们吵吵嚷嚷议论的聚会，因为那种叽叽喳喳的场合，只适合树上争高枝的鸟儿，实在不适合这个美洲狮一样的女孩。

从不参加集体活动的玛格丽特选修了网球课、游泳课和体操课。童年时代在租让地的生活使玛格丽特对体育项目非常擅长。在她看来，贵族女孩报名参加体育项目不过是为了有机会穿着暴露的衣服，在男生面前搔首弄姿罢了。

在体育课上，玛格丽特非常受男孩子们的欢迎。与那些贵族女孩们矫揉造作的动作相比，玛格丽特很放得开。她经常和男孩子们较量，而且表现得相当不错。

在参加竞技项目时，玛格丽特美洲狮的个性被发挥得淋漓尽致。她勇猛、敢拼，不怕伤痛。玛格丽特非常擅长网球，甚至在学校比赛中获得了冠军。

当然，仅凭着运动项目上的出色，并不足以使玛格丽特变成一个开朗阳光的女孩。玛格丽特自身是割裂开来的。她心中同时存在着几个"自己"，每个"自己"都是真实而不完整的。

这些"自己"有时能够很好地有机结合在一起，使玛格丽特变成一个内心丰富的女人，这个女人让人着迷。但有些时候，这些"自己"是互相矛盾的，她们会彼此冲撞、排斥、厌恶甚至痛恨。

这些矛盾的"自己"永远不会一方战胜另一方，她们会在彼此的争斗中情感更加强烈、个性更加鲜明。这个时候的玛格丽特是疯狂的、疯癫的。

当情感强烈到无法用沉默来抑制的时候，她常常会采取与内心意识相反的行为对强烈的情感进行镇压。但这种镇压往往会使没能得到满足的情感更加强烈，使玛格丽特变得更加疯狂。正是这种疯狂形成了玛格丽特独特的人格魅力。

体育运动只是玛格丽特宣泄情感的一个闸口。当尽情流过汗，大声喊出心中的压抑之后，她又恢复成了那个文静少言的姑娘。

玛格丽特又报名选修了钢琴课。她从高莱特的身上意识到自己是一个女孩，意识到了作为一个女孩应有的高雅。她很用心地练习，在音乐方面玛格丽特很有耐心，一连选修了四年钢琴，直到中学毕业。

4. 蝶变

玛格丽特的个性在一天天改变，她的生活也在逐渐变得不同。她不再匍匐在地上仰视身边的人，身边人自然也不再站得笔直地俯视她。

渐渐的，玛格丽特的生活中也有了上层社会的孩子。虽然她的社交圈子仍然很有限，但毕竟玛格丽特已经开始改变。最重要的是，她的思想意识已经开始转变了。

之前玛格丽特总是远离人群，躲在自己的小世界里，从不参与学生们精彩的课后活动。但现在她想改变了，她开始尝试着克服害羞与胆怯，尝试着改变自己的生活方式，尝试着融入其他学生们的生活。

在夏瑟鲁普-洛巴这样的一所学校，虽然教学制度相当严格，虽然学生们都是各个阶层的精英，但这并不影响年轻学生们活跃丰富的生活。

白天上课时间，作为纯血统白人，玛格丽特的座位被安排在第一排。但她并不想与当地的安南学生划清界线。在她心目中，当地安南学生的生活比白人圈子虚伪奢靡的社交有趣得多。

现在的玛格丽特学得很乖，自从上次因为把书包扔到老师脸上，被学校记过处分后，玛格丽特再也不顶撞老师了。在座位问题上，玛格丽特没有执意违背老师的意思与安南学生一起坐到最后一排，而是与当地有四分之一白人血统的女孩们坐到了班级中间的位置。

玛格丽特是个精明的女孩，她非常善于处理人际关系。只要玛格丽特愿意去融合，那么便可以凭借她的个人魅力，很快地融入任何一个团体。

玛格丽特是如何学会为人处事的呢？她是如何在这么短的时间内，从一个孤僻冷傲的姑娘变成一个八面玲珑的女孩的呢？

其实这个答案并不神秘，我们必须承认，玛格丽特是个很有心计的姑娘。无论从亨利还是玛丽的遗传角度来讲，玛格丽特都有着极敏锐的洞察力和相当缜密的思维。

玛格丽特一直以来都是个热切的旁观者。每一件事情发生的时候，她都在场。她在整个事件的背景里，一言不发，但却参与了每一幕、每一个细节。

玛格丽特在仔细地观察，对于发生的每一件事，也许没有人比她看得更清楚。她饶有兴致地看着别人处理每一件事，热切地关注着事情的走向与结果，认真地分析着每个人的每个举动、每句话。

因此，躲在自己圈子里的玛格丽特其实懂得比任何人都多。之前玛格丽特只是不想去处理那些或无聊或繁琐的人际关系，而当她意识到了这种人际关系的重要，有了想要融入他人圈子的渴望时，处理这种关系对于她而言是那么的轻松简单、得心应手。

玛格丽特很快便与班上几个混血女孩相处得非常融洽了。这些女孩大都是士兵、海军官员和政府低级职员的孩子。这些白人与当地女人生了孩子之后，或者重返法国，或者迫于社会压力抛弃了妻女。

总之，这些女孩大都是被父亲抛弃，和玛格丽特一样得不到父爱和家庭温暖，但却非常聪明优秀的孩子。

白天，玛格丽特与这些成绩优异的孩子们一起上课。晚上，学校要求所有学生必须留校上晚自习。但这个时候，老师们大都已经下班，只有少数几个值班老师留在学校。

这些老师并不巡逻也不管教室里学生的秩序。他们只是坐在办公室里喝着咖啡看着表，数着时间一分一秒地过去，煎熬地挨到下班。

晚自习的时候，班级里面很乱，只有极少数并不聪明，但却刻苦的学生在学习。对于大多数学生而言，晚自习是一天中最快乐、放松，最期待的时光。

在晚自习课上，大家放松了紧绷一天的神经，摘下了老师面前严肃认真的面具，无论白人还是当地安南学生，都恢复到了最为纯真、欢乐的一面。

夜幕降临，校园的树上挂着大大的金黄色灯泡，在深蓝的夜色中闪着萤火虫一样的亮光。教室里灯火通明，明亮的白炽灯将教室照得像白天一样。

男孩子们在打扑克、吹嘘、争吵，有时几个人围在一起争论一个问题，直吵得面红耳赤。女孩子们则坐在一起倾诉心事，议论着班里的是是非非。几个小女生形成了一个个小团体，那是学生时代才有的最单纯的友谊。

在这种轻松愉快的日子中，玛格丽特整个人逐渐开朗起来。

玛格丽特的脸上偶尔也会浮现羞涩的笑容。她的笑总是那么矜持，眼神总是那么意味深长。玛格丽特的眼睛背后似乎还有一双眼睛，眸子深处总有那么一丝保留，因为猜不透而让人深深迷醉。

当玛格丽特望向你的时候，她虽不出一言，但仅凭着她的眼神你已然可以明了她的意思。她目光中仿佛总有很多意味等着你去探究，于是你再次望向她，去询问那更深一层的意思，可是她已经矜持地收回了目光，不再看你了。

可是，正当你准备放弃对她的探究的时候，她又总是微笑着望向你，仍然不出一言，只是望你一眼。这个眼神是极单纯的，但足以在你心底泛起涟漪。

于是你总想接近她、探究她，想要走进她的内心，想要揭开她的神秘。

玛格丽特总是有意无意地留下一点线索，简单的线索，简单到任何人都可以从线索中得到一些启示。我们无从知晓她的神秘是出于有心还是无意，但我们不得不承认，她已然将人们的好奇心利用得淋漓尽致又不着痕迹。

玛格丽特是个丰富立体的女人，每个人都能从她身上或多或少地寻找到自己的影子，于是所有人都会沿着她留下的线索去探究她、追寻她。

有的人探究得深一些，有的人探究得浅一些，但没有人能够真正读懂她。在解读玛格丽特的过程中，最聪明的人和最愚蠢的人没有多大差别。所以玛格丽特总是充满神秘的魅力，叫人意犹未尽、欲罢不能。

玛格丽特这种神秘的气质吸引了身边许多男孩子的目光，但大多数男孩子仍然对这位冰霜美人敬而远之。

这些男孩子虽然身为贵族,过着令玛格丽特艳羡的富足生活,但在他们心目中,成绩优异、年轻美丽的玛格丽特仍然高不可攀。只是他们并不知道,玛格丽特的内心也是需要人关爱的。

当时,班里有一个成绩非常糟糕、家境并不富裕的白人男孩,在玛格丽特的回忆中,他是一个痞子,是玛格丽特看都不会看一眼的那类人。

在一个夏季午后,他忽然把玛格丽特叫到了操场的老树下,不由分说便拉住了玛格丽特的手,向她表白了。虽然玛格丽特非常讨厌他,但他足够大胆。他的大胆征服了女孩的虚荣心,虚荣心又战胜了矜持和理智,玛格丽特竟然点头接受了他。

第三章 拍卖青春

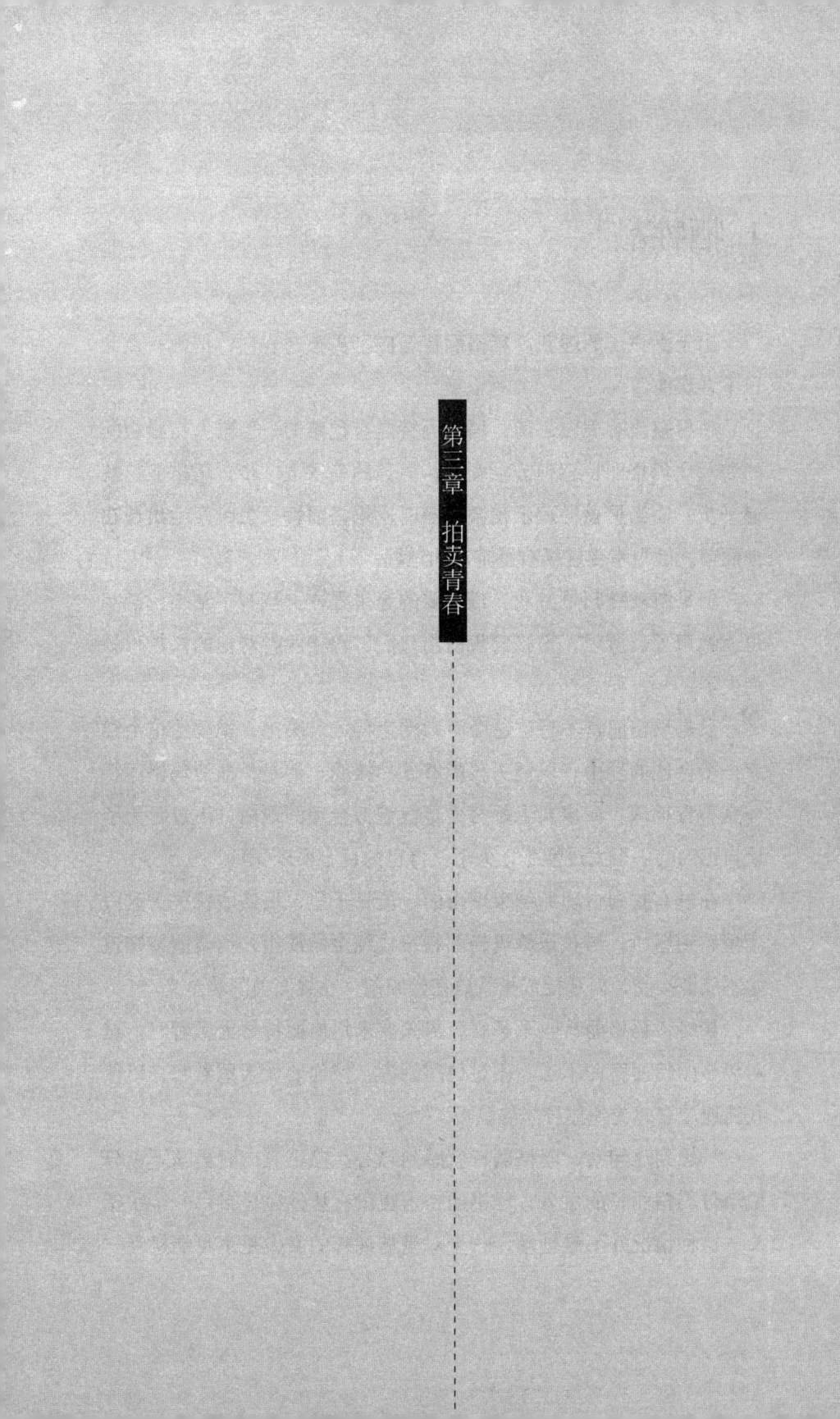

1. 牺牲品

　　出于女孩子的虚荣，玛格丽特答应了男孩的表白，但她一点儿也不喜欢他。

　　在男孩没有表白之前，玛格丽特是有预感的，但猎人与猎物间的游戏让玛格丽特感到非常刺激。男孩的追求进一步，玛格丽特就退一步。而当男孩的追求稍微松懈时，玛格丽特又会频繁地出现在他面前。她很享受这场猎爱游戏的过程。

　　但是游戏终归是游戏，最重要的是过程，一旦有了结果，游戏也就结束了。所以，男孩的表白出口后，玛格丽特对他的兴趣也就消失了。

　　只是玛格丽特不想让这个游戏结束得太过决绝，她要给这个结束一个合理的理由，以便男孩能够欣然接受。但是，即使玛格丽特一直不肯承认，而事实上她努力寻找貌似合理的理由，不过是为了让自己内心不至太过愧疚，为了使自己的良心得以安稳。

　　在没有找到合理的结束理由的一段日子里，玛格丽特很为这段恋情感到尴尬。男孩送给玛格丽特一枚纯金的戒指，玛格丽特知道她不应该接受，但那枚戒指就放在她眼前，在她面前闪着金光。

　　最终，玛格丽特收下了它。男孩要求玛格丽特每天戴着它，这对玛格丽特而言并不难。不过他对她说："你要天天戴着它，以便我能通过它感受到你身体的温暖。"

　　一想到这句话，玛格丽特就感到恶心。除了表白时男孩不由分说牵过玛格丽特的手外，玛格丽特再也没有让他碰过自己一个手指头。这种情况并不难理解，一个对爱情纯粹的女人是不可能接受一个自己不爱的男人的爱抚的。玛格丽特和他在一起的时候总感觉不舒服。

玛格丽特害怕其他同学看见他们在一起，她觉得和这样一个男孩子交往非常丢脸。但她却很愿意让同学们知道她有男朋友，只要不提男朋友的名字。

玛格丽特希望别人知道自己也有人追求，有人爱慕，她需要一个人来证明自己的魅力。但是，一旦这个人屈服于玛格丽特，他在她心目中的地位便会低到尘埃里去。

玛格丽特利用了男孩的感情，但又不愿意承认利用了他。也许她并不希望这份感情是利用，她的内心对美好恋情是向往的。

玛格丽特的恋情很快从学校传到了玛丽耳朵里，然后是大哥皮埃尔和小哥哥保尔。小哥哥对这份感情没什么反应，仍然一心扑在他的汽修厂上，但母亲和大哥的反对却相当强烈。

玛丽知道这件事后，恶狠狠地责打了玛格丽特。在玛丽心中，玛格丽特是她发财梦的最后筹码，怎么可以允许她与一个家境并不富裕的男孩恋爱呢？玛丽殴打玛格丽特时下手总是特别狠，玛格丽特从疼痛中感受到了玛丽凄然的绝望。

玛丽的精神再一次崩溃了，她发疯似的责打玛格丽特，然后又突然停住，抱住她嚎啕大哭。

玛丽曾经告诉玛格丽特，之所以送她去好学校读书，接受良好的教育，就是为了让她能够嫁给一个好男人，能够靠着这个男人改善一下全家人穷困的生活。

在玛丽眼中，自己的女儿非常优秀。她常常夸赞玛格丽特长得漂亮又很聪明。玛丽认为玛格丽特是所有女孩中最优秀的一个，因为玛格丽特是她的女儿。

当玛格丽特在学校生活了半年仍没有男孩子追求时，玛丽曾一度非常着急。她一面担心自己的女儿不够有魅力，不会俘获男人的心,一面又担心自己的女儿太过优秀,吓退了所有的追求者。

也许,玛丽也曾偷偷向女儿传授过俘虏男人的经验,否则玛格丽特怎么会把恋爱游戏玩儿得那么风生水起呢。当然这只是猜测。

不过,玛丽确实曾告诉玛格丽特:她可以和任何一个能够带给家人好处的男人恋爱。玛丽允许玛格丽特与男人做任何事情,只要他能给家里带来好处。

当然,想与玛格丽特发展关系是要明码标价的。如果一个男人想与玛格丽特做什么,就必须给她的家庭带来同等价值的好处,如果带来的好处可以高于所发生的关系那是最好,只是不可以和她上床。

玛格丽特很清楚玛丽告诫她这一点并不是为她着想,只是担心一旦她与哪个男人发生了实质性的关系,之后会没办法嫁给更好的男人。毕竟在那个时代,社会还很封建,一个不是处女的姑娘,很难被夫家接受。

玛丽很精明地打着女儿的主意,只是玛格丽特一直让她失望,从未交往过一个男友,没有为家里赚过一分钱。

如今,玛格丽特终于交到男朋友了。玛丽本以为可以继续她的发财梦,以为女儿这棵摇钱树终于成长起来了,却万万没有想到玛格丽特的男友是一个普通人家的孩子,从他身上根本榨不到一分钱。

不过,玛格丽特手上的金戒指,还是被玛丽撸了下来,说是她年纪尚轻,不适合配戴这么贵重的首饰,要由母亲替她保管。

对于所有恋爱所得必须上交的做法,玛格丽特虽不反感,但她讨厌玛丽的专政。她埋怨玛丽不理解女孩收到礼物时的得意,埋怨玛丽为什么不能让她的喜悦再长久一点。玛格丽特对玛丽夺走戒指的举动非常失望,但她完全没有想过抵抗,因为她完全理解玛丽的苦衷。

玛格丽特一直深爱着玛丽，深爱着自己的家，她对玛丽心怀感恩。这种爱和感恩用语言诠释总是那么苍白无力，这种深沉而真挚的情感，正是从她这样一个充满野性的女孩对玛丽对家庭的顺从中体现出来的。

玛格丽特对玛丽的爱十分复杂。她害怕玛丽的歇斯底里，对玛丽的古怪举止感到难堪，但又钦佩玛丽的坚强与魄力。

玛格丽特很能体谅一个女人独在异乡拉扯三个孩子的辛酸，她知道自己的一切都是玛丽给的，所以为玛丽分担，为家里补贴对于玛格丽特而言是天经地义的事情。

但是，玛格丽特不喜欢自己被当作商品一样标价出售。她是个心思非常缜密的女孩，非常明确自己对家庭的责任和义务，不需要玛丽时刻对她耳提面命。

为家里所做的一切，她都心甘情愿。如果力所能及，她自会想尽办法为家里补贴。她不喜欢被玛丽逼迫着向男人要钱，这使她感觉自己很卑贱。

但是玛丽似乎并没有意识到自己的女儿懂事，也完全不能体谅女儿的苦衷。

也许因为玛丽缺乏安全感，她需要通过对玛格丽特反复唠叨，不停重复和索取，来确定这个家还有一个女儿可以指望，来告诉自己并不是一个人在支撑这个家，她需要给自己一些勇气和动力。

没有人可以依靠，没有救世主，就像玛丽所说的那样：从来不否认上帝的存在，只在他在我们的生活中一直缺席。

这就是生活，残酷而真实的生活。每个人都无法完全主宰自己的生活。就像玛丽是残酷命运的牺牲品，两个哥哥是残破家庭的牺牲品，爱着玛格丽特的男孩是玛格丽特虚荣心的牺牲品，玛格丽特是整个家庭的牺牲品一样。

2. 返程途中

玛格丽特最终还是找到了自认为合理的理由，和男孩分手了。当然，她没有奉还那枚金戒指。男孩并没有纠缠，在这场恋爱游戏中黯然离场了。

对于男孩平静的离开，玛格丽特并没有感到预想的那样轻松。相反她并不开心，甚至感觉很沉重。当你亏欠了一个人，他却没有任何埋怨，而是选择独自承受所有你带给他的伤害时，你的心情会比他对你大闹一场难受得多。

玛格丽特的生活又恢复了平静。

她仍然高傲，但与身边人相处得不错。她从容地处理着男孩子们的追求，巧妙地化解着女孩子们的嫉妒，对于C小姐的变态请求也已经漠然了。她努力学习，快乐生活，虽然生活仍然贫寒，生活中仍有C小姐这个瑕疵，但她已经非常满足了。

玛格丽特在语言方面非常有天赋，她的作文是全学校写得最好的，她的作文就像她本人一样充满魅力。

最初，学校的老师给玛格丽特的作文打最高的分数，不停地赞扬她，把她的作文通过学校广播念给全校师生听。后来，玛格丽特的作文写得实在太好了，老师们都自愧不如。于是老师们不再给她的作文评分，而是直接把玛格丽特的作文印刷出来，发给师生们传阅。

当学年结束的时候，玛格丽特取得了非常优异的成绩。她的作文无疑考取了全校第一，而她在其他学科方面也表现得非常突出。她的数学、自然科学和哲学成绩都出类拔萃，即使全校最聪明的男生也经常向她请教问题。

学期结束时,玛格丽特怀着非常满足的心情返回了沙沥的家。她取得了优异的成绩,满足了玛丽的心愿,可以使玛丽在邻里面前扬眉吐气了。

沙沥的家,玛格丽特最熟悉的地方。

每当提到这个家,玛格丽特首先感到的是一种气息,一种味道,一种朦胧的光感。乳白色的阳光从蒙着厚厚灰尘的窗户射进来,照在二楼的楼梯口,光束中飘浮着空气中的灰尘。

楼梯是老旧的木板搭成的,踩上去"吱咯"作响,整个房子都是木板楼梯的老旧味道,有种霉味儿,但木质的感觉让人感到温暖。

玛格丽特还记得墙上的老钟,家里很难得的一样完整的家具。玛格丽特总是一个人呆呆地坐在老楼梯上凝视着老钟。她觉得老钟似乎长了眼睛和耳朵,静静地看着房子里发生着的一切,然后"滴嗒、滴嗒"地笑。

老钟的表针转动声音让玛格丽特感到安全,玛格丽特总能在老钟的平和、安静中找到勇气。

在玛格丽特关于家庭的记忆中,能找到如此安静祥和的场景实在很不容易。玛格丽特真正的家庭氛围不仅不祥和美好,相反总是非常压抑紧张,即使在安静的时候,也仿佛潜伏着随时爆发的危机。

这个假期,当玛格丽特回到沙沥的家时,她的好成绩并没能给家里带来丝毫喜悦。家中还是原来的氛围,仍然保持着玛格丽特最熟悉的那种状态。她在这种紧张的氛围中感到安全,一切都是她习惯的,一切都没有改变,仿佛她从来不曾离开过。

稍有些不同的是大哥皮埃尔的烟瘾更大了,还养了只大猕猴;小哥哥保尔的兴趣从汽修转移到了枪支和打猎上;玛丽对家庭更加无奈也更加疯癫了。

玛格丽特很清楚地看到了家庭窘迫的状态，即使玛丽拼命地工作，也无法满足大哥对鸦片的需求。她亲眼看到玛丽因为拿不出钱而被大哥打得鼻青脸肿、浑身是伤。

而玛丽把对生活的怨恨全部撒在了玛格丽特身上。她举着棒子，满屋子追打玛格丽特，下手非常狠。有时玛格丽特会想：如果自己任由玛丽殴打而不反抗，那么玛丽会不会真的舍得把自己打死。

即便如此，比起大哥对待玛格丽特的方式，玛丽的殴打已经算是客气了。皮埃尔不仅殴打她，还常常辱骂她。

皮埃尔的脾气非常暴躁，只要吸不到鸦片就抓住玛格丽特打骂。他经常骂玛格丽特是"臭虫、垃圾、婊子、娼妇"，但那时玛格丽特并不明白"娼妇"的真正含义。不过她并不反抗，只是听之任之。玛格丽特只知道这是个肮脏的词汇，有时她觉得自己确实很肮脏。

皮埃尔和玛丽不断地对玛格丽特强调家里多么缺钱，埋怨她没有为这个家拿回来一分钱。大哥常常威胁她，要求她赶紧找个有钱人嫁了，否则就打死她。

就是在这样的家庭氛围中，玛格丽特度过了她的假期。在九月末，她离开了沙沥的家返回了西贡。从沙沥到西贡，对玛格丽特而言像是一场仪式，一场告别过去开始新生活的仪式。

连接沙沥和西贡的是湄公河的一条支流，玛格丽特每次都搭乘轮渡沿湄公河顺流而下抵达西贡。

玛格丽特对湄公河有一种特殊的情结。我们无法猜测是湄公河本身的美感，还是它所象征的美好新生活，使玛格丽特如此深爱这条河流。但我们知道，玛格丽特曾说过："我一生都不可能看到比湄公河更美丽的河了。"

九月的湄公河水非常丰盈，绵延的波澜汩汩流淌，壮丽但不汹涌，像一个野性却不外露的丰满女人。

轮渡划破连绵水面的时候，并没有激起多少浪花。湄公河水实在太深了，深得无法看到它平静水面下深层的暗涌。支流沿着森林地区的洞里萨湖顺流而下，卷走所经之处的水草、圆木、死鸟和野兽的尸体。

玛格丽特感受到了河水强大的力量，吞噬一切、带走一切的力量。河水净化着一切，带走所有烦恼，将一切粉饰变形的事物还原到最初的样貌。

在翻滚的浪花中，很多杂物还没来得及沉入水底就被深不可测的激流托起卷走，不知被带到哪里。玛格丽特望着令人眩晕的河水，翻阅着自己的记忆。有些回忆、有些情绪，如同浪花翻卷中的杂物，还未沉淀，便消失在了琐碎的生活中。

玛格丽特曾努力地小心安放这些回忆，珍藏它带给心灵的震颤。但时光在流淌，在光影穿梭中又有谁能力挽狂澜，于时空的缝隙中抓住纷飞的琐碎呢？时光还是将记忆模糊了，将感觉冲淡了，唯有文字仍散发着往事的馨香。

于是，为了挽留过去，玛格丽特选择写作，用文字祭奠生活。

望着湄公河广阔而神秘的水域，玛格丽特不知道该在哪里安放过去，也不知道该去何处寻找未来。但这片墨绿色的河水，却带给她前所未有的安宁。

湄公河的水面上漂浮着玛格丽特过往的回忆。水汽蒸腾的河面上纠缠着玛格丽特对玛丽的深爱、对大哥的厌恶、对小哥的亲切和她对生活无所不在的恐惧。如今，这些感觉就要随着湄公河面的水汽一起蒸腾散去，当太阳升起的时候，一切都将结束，一切都将重新开始。

过去的既然已经过去，又何必去想该在何处安放它，时间已经带它走远了。玛格丽特即将告别过去，前往新的生活。

湄公河是玛格丽特印度支那生活的印迹，是她内心的影子。河水的暗涌是她内心的激情冲动，是她梦想的波动起伏。墨绿色河水的画面深深潜入玛格丽特的脑海，形成了她广阔诡秘的内心世界。

在绵延不绝的汩汩河水中，玛格丽特看到了逝去的生活和未来的希望。在深不见底的墨绿色河水中，在无限纷繁的往事回忆里，玛格丽特决定让过去的过去，让未来的到来。

3. 不期而"遇"

玛格丽特与莱奥的相遇是在湄公河上。那是一个雾蒙蒙的早晨，在水气氤氲的光线中，一位穿洁白沙丽柞丝绸外套的男子进入了玛格丽特的视线。

莱奥是当地人，曾经留学法国，会讲一口流利的法语。他对巴黎了解很深，喜爱巴黎街边的咖啡文化，喜爱浪漫的法国梧桐。莱奥受过良好的贵族教育，举止绅士而优雅。

最初，玛格丽特的目光被莱奥光亮洁白的丝绸外套吸引，寻着这道亮光望去，她发现了这个法国式的当地男人。继而，玛格丽特的目光又凝固在了莱奥的戒指上。

莱奥戴着一枚璀璨的钻石戒指，那是一颗硕大而完美的钻石，完美的切工即使在水雾蒙蒙的环境里，也能折射出夺目的光芒。玛格丽特一生钟爱钻石，莱奥是否就是钟爱的起源？钻石对于玛格丽特是否象征着最初的爱的情结呢？

在某一瞬间，玛格丽特的心曾为这不期然的相遇震颤，她的芳心曾随着湄公河水的涟漪荡漾。虽然玛格丽特极力保持着冷漠的表情,可她的明眸中还是情不自禁地流转着羞涩的喜悦。

玛格丽特站在甲板上,莱奥坐在不远处惬意地小口啜着咖啡,并没有注意到不远处正盯着他入神的美丽法国姑娘。玛格丽特久久地凝视着莱奥,自己也不知道是爱上了他的优雅,还是迷上了他的财富。

玛格丽特就这样凝视了莱奥很久,她的心情由紧张变得甜美,又从甜美变成了酸涩。谁也不能阻挡少女渴望被关注的心,谁也阻挡不了少女春心的萌动。

可是,玛格丽特很清楚,像莱奥这样穿一尘不染的洁白沙丽柞丝绸外套、戴大颗钻石戒指的男人,是不会和自己有交集的,即使他是个富有的安南人,而自己是个穷苦的法国人。

低下头审视自己的衣着,玛格丽特感到十分难堪。想到母亲和两个哥哥都穿着结满线头的粗布衣,戴着破损过时的帽子,玛格丽特敏感的内心在抽搐地疼。

这种疼痛使玛格丽特很快从爱情的意乱情迷中清醒过来,她马上从莱奥身上看到了生活的希望。玛格丽特对家庭保有着很深厚的爱,这种爱不需过多语言,更多的是她潜意识中对家庭的责任感。

于是,玛格丽特决定吸引莱奥的注意。她要认识这个富有的男人,依靠他来改变家庭的窘迫。

玛格丽特是个可爱而狡黠的姑娘,她松开编得一丝不乱的辫子,迎着风用手指梳理浓密的栗色长发。发丝在风中飞舞,裙裾伴着长发飞扬,玛格丽特这个年轻而美丽的花季少女昂起头,骄傲地向着富有的、可以改变她生活的男子走去。

玛格丽特极力掩饰着紧张,当他经过莱奥身边时,脑子里已是一片空白。她的腿只是僵硬地搬运着她的身体,无意识地经过莱奥身边,还不忘故意放慢了脚步,冲莱奥轻轻地点头微笑。

只是,玛格丽特实在太紧张了,从来没有与男人搭讪过的她,竟然没有注意到莱奥根本没有回复她的笑。实际上，莱奥根本没有注意到她。

当玛格丽特逃也似的离开莱奥的视线范围时，她长长舒了口气，回过头去观察莱奥的变化。

可是莱奥让她失望了。他只是继续啜着手里的咖啡，低头专注地读着摊开在膝头的报纸，表情严肃，好像所有的注意力都被报纸吸引。表情、姿势与玛格丽特走过来之前一模一样，似乎完全没有注意到刚刚有一位少女从自己身边经过。

在玛格丽特眼中，莱奥虽然举止优雅，但相貌并不帅。他矮小而瘦弱，手指还有些畸形。莱奥左手的拇指和食指以一种很奇怪的角度张开，但中指戴着一枚很大的钻戒。于是在玛格丽特眼中，他畸形的手指便有了一种鸟儿死去时翅膀的优雅。

莱奥的忽视令玛格丽特感到非常失望，她觉得自己很失败、很没用。挫败感侵袭着玛格丽特敏感的心，但她感到更多的，是一种耻辱。

此时玛格丽特刚好十五岁半，花一样含苞待放的年龄，可她的生活并不像其他女孩那样阳光。玛格丽特没有灿烂的笑容，没有与人直视的勇气，她是一枝悄然开放在幽谷的野百合，只有探入深谷的人才懂欣赏。

可是现在，这株野百合将自己移植到了百花园中，与满园玫瑰比浪漫、比娇羞，此时的她显得那么寡味而力不从心。

玛格丽特并没有放弃征服莱奥的努力。她平复了心情，重新梳理长发，再一次向莱奥走去。

这一次，玛格丽特仍然非常紧张，她的脚步僵硬而笨拙。她不敢距离莱奥太近，担心这样会显得很不礼貌；但她又不敢距离莱奥太远，因为在莱奥眼中，玛格丽特似乎一点儿也不吸引人，她的魅力似乎远不及摊开在他膝头的报纸。

就这样，玛格丽特一遍遍地从莱奥身边走过，一次次望向他，向他点头微笑，然后一次次地被忽略。

据日后玛格丽特回忆，她这样热切地希望被注意，希望走进莱奥的视线，一次次失败又一次次重来，一共三十五次。我们可以想象，那是怎样的一种执着的渴求，可以让一个十五岁半的女孩，反反复复被忽略三十五次，然后又重新振作起来。

终于，在玛格丽特第三十五次经过莱奥身边的时候，他终于注意到了她。莱奥微微抬头，目光与玛格丽特相撞，她是那么兴奋而紧张，不知道该用哪种表情来应对这渴求已久的关注。

莱奥冲她点头，轻轻微笑。玛格丽特想要看起来矜持，但她又担心冷漠的表情让莱奥的关注飞走，于是她没有做出任何表情，没有微笑，压抑着惊喜，只是与莱奥久久地对视，目光中没有内容。

玛格丽特站在原地，她的不回应并不完全是精心设计的矜持，这种不作任何应答的状态，完全因为她不知道应该如何回应。

玛格丽特告诫自己必须每个动作都格外小心。过于矜持会让莱奥的关注飞走，过于主动又有失白人少女的身份，她谨慎地衡量着交流的尺度，这种小心翼翼让她显得更加迷人。

确认过眼神，莱奥觉得玛格丽特就是他要找的人。

当渡轮到达西贡时，莱奥邀请玛格丽特一起乘坐他的私人轿车，送她回夏瑟鲁普-洛巴中学。穿一身洁白沙丽柞丝绸外套的莱奥，开的是一辆黑色限量版的莫里斯·莱昂·波莱牌豪车。这种对比强烈的黑白搭配无疑是最简约的经典，瞬间虏获了玛格丽特的芳心。

因为小哥哥保尔酷爱汽车，所以玛格丽特很清楚地知道：这种牌子的新车要7000皮阿斯特，黑色限量版则更为名贵。当时玛丽即使拼命兼职工作，每月的收入也只有2000皮阿斯特。这辆豪车在玛格丽特眼中无疑是最奢侈的象征。

当玛格丽特坐进莱奥的豪车时，喜悦与优越感冲击着她年轻的芳心，她不自主地微笑，暗想：这才是属于我的生活。

在莱奥送玛格丽特回学校的途中，玛格丽特尽力打探着莱奥的家世与财富状况，她并不去掩饰自己对物质的强烈渴望。

在玛格丽特看来，自己对物质就是有迫切的需求，自己以及家庭的生活就是应该被改善。她之所以要求这些，是因为自己值得。对物质的欲望并不可耻，本来就没有必要去掩饰什么。

4. 骗子与同谋

在之后的交往中，玛格丽特逐渐了解到：莱奥来自当地最知名的家族，他的父亲是当地鼎鼎大名的富商。莱奥的家族主要从事房地产业，他手中有几笔非常大的房地产项目，他主要就是从这几笔项目中赚钱。

同时，莱奥还在当地经营着几家很有名气的大型豪华夜总会，这就是莱奥总带着玛格丽特以及她的家人去豪华夜总会消遣的原因。

玛格丽特骄傲的羞涩让莱奥深深着迷，很快他就爱上了这个聪明漂亮的法国女孩。

每天下午，莱奥都会开着黑色豪华轿车，等在玛格丽特学校附近，接她放学。但他从来不把车开到学校门口，只是很低调地等在学校附近，小心地回避着学生们的目光。即使等在很不起眼的角落，莱奥也总是紧闭着车窗，把自己与外界严密地隔离开来。

对此，玛格丽特很不开心。她希望其他学生看见她交了一位开黑色限量版莫里斯·莱昂·波莱豪华轿车的男朋友，希望从他们的目光中读出羡慕甚至是嫉妒,希望可以在贵族学生面前扬眉吐气,希望莱奥可以改变她的生活。

这种心情我们完全可以理解,原本莱奥在这场恋情中的意义就体现在对玛格丽特物质欲求的满足上。

但这种虚荣心一直得不到满足,这种欲求不满的压抑,玛格丽特是没有办法对莱奥讲的。她试图压抑这份虚荣,心里很清楚自己对莱奥的感情是不单纯的。

玛格丽特一方面愧疚于对莱奥的利用,一方面又失望于莱奥不理解她内心对虚荣的渴求。即使玛格丽特努力压抑着自己的哀怨,但她的感情必须找到一个闸口来释放,于是这份哀怨便化作了对莱奥无来由的愤怒。

很多时候,我们愤怒并不是因为我们真的被激怒了,或者说主要原因并不是我们被激怒了。更多时候,这种愤怒来源于一种强烈的羞愧感,是色厉内荏的极端表现形式。

当玛格丽特很清楚自己在利用莱奥的感情,却又无路可逃,必须将错就错地利用下去时,她对莱奥便产生了这种强烈的羞愧感,觉得自己是个坏女孩,是个不折不扣的骗子。这种羞愧感得不到排解,在玛格丽特心中不断累积,最终转化成了极端的愤怒发泄了出来。

当莱奥坐在她的身旁,想要抚摸她的手时,她总是迅速将手抽回,然后态度强硬地要求莱奥坐得离她远一些。如果莱奥没有按她的要求远远地坐回去,玛格丽特便会很愤怒地骂他,甚至侮辱他,这使莱奥很伤心。

玛格丽特与莱奥交往的事很快便被玛丽和两个哥哥知道了。了解了莱奥的家世后,玛丽和大哥皮埃尔喜出望外,仿佛探险者终于发现了千年宝藏。

他们教育玛格丽特,告诉她要时刻牢记自己拯救家庭的义务。

他们逼着玛格丽特每天向莱奥要钱，还告诉她：如果要钱时找不到适合的理由，就让他摸摸你的手，然后想向他要多少就要多少。

迫于玛丽与大哥的压力，玛格丽特不得不强忍着内心的不情愿，每天放学后与莱奥见面，在他的豪华轿车里任由他抚摸自己的手。

最初，玛格丽特只是向莱奥要一些零用钱来补贴家用，但随着与莱奥交往的加深，玛丽和大哥对莱奥这棵摇钱树的期待，已远不止于每月生活费的宽裕了。

即使对家庭有着强烈的责任感，即使深爱着玛丽，但每次向莱奥开口要钱时，玛格丽特还是有种强烈的羞愧感。她觉得自己是个卑鄙的骗子，是一个不仅骗人感情，还要骗人钱财的可耻的骗子。

玛格丽特非常不齿自己的行为，但她无路可逃。自从与莱奥目光相遇的时刻起，两人就已经踏上了各自都不太情愿走的不归路。

莱奥晚上经常带着玛格丽特去豪华夜总会玩乐，那里是上流社会聚集的场所。

玛格丽特非常艳羡贵族们纸醉金迷的生活，渴望着融入其中。在魔幻般变换的灯光中，玛格丽特看见穿着入时的贵族小姐，化着香浓艳丽的舞会妆，被英俊的小伙子牵着手，在舞池中央跳着暧昧欢乐的狐步舞。

狐步舞，玛格丽特脑海中又一个印迹，玛格丽特关于印度支那回忆中极其罕见的一抹艳丽色彩。

这是一种流动感很强、动作十分轻盈的舞蹈。舞步连贯而圆滑，大量加入后并步与侧转的步法，方位多变。整个舞蹈过程中没有停顿，舞伴的身体之间保持着巧妙的接触，一气呵成，跳起来流畅而优雅。

就是在莱奥经营的豪华夜总会里，玛格丽特学会了这种优雅的舞蹈。在流光溢彩的舞池中，在变幻莫测的灯光里，玛格丽特感受到了前所未有的快乐。

这种纸醉金迷的场所，这种烟草与香水混合的气息，果然可以模糊真实的生活。快乐的舞曲将烦恼与压抑阻隔在夜总会门外，任由青春少女轻盈的舞步在男人们惊艳的目光中升降、旋转。

在玛丽和皮埃尔眼中，玛格丽特是一枚很重的筹码，也是一根韧性极强的线。他们一边不停向莱奥索取钱财，以确定玛格丽特在他心目中的重量；一边教玛格丽特对莱奥若即若离，放长线才能钓大鱼。

玛格丽特一丝不苟地遵照着他们的意思行事，用从玛丽和大哥那里学来的招术对付莱奥，果然屡试不爽。

渐渐的，玛格丽特向莱奥要钱时的羞耻感消磨殆尽了。她很自然地向莱奥提出各种要求，开出各种条件，心安理得。

玛丽和皮埃尔要求陪同玛格丽特一起参加莱奥夜总会的派对，理由是保护玛格丽特不被其他男人骚扰。莱奥并不拒绝，替他们置办了昂贵的礼服和鞋帽。他能看透他们的心思，但他只是笑笑，心中有小小的鄙夷。

玛格丽特凭着女人的直觉，很快感觉到了这种鄙夷。但她并没有像从前那样心有戚戚焉，相反地，莱奥的鄙夷让她产生了一种强烈的报复的欲望。

玛格丽特是个内心极为矛盾纠结的女孩。莱奥的温柔让她感到羞愧，但他的鄙夷让她愤怒。玛格丽特决定让他付出更多的钱财，为自己所蒙受的耻辱埋单。

在之后的交往中，玛格丽特对莱奥的感情招术运用得更加驾轻就熟。莱奥开车在她的住处楼下等她，但她并不下楼，只是让他等着。

夏季炎热的午后，火辣的阳光将黑色莫里斯·莱昂·波莱豪华轿车晒得滚烫。虽然炎热，但莱奥坐在车里仍然紧闭着车窗，内心焦急。等他的兴致即将消耗殆尽，玛格丽特会忽然出现在他面前，欣赏他目光中的惊喜。

只有在两种情况下，男人爱女人才会爱得极尽疯狂：一种是青葱岁月美好的初恋，一种是当男人思想成熟后爱上小萝莉。前一种可以为爱人去杀人、去自杀，有着年轻人血气方刚的冲动；后一种会爱得不能自拔，内心煎熬折磨、痛不欲生。

我们无从猜测莱奥对玛格丽特的爱是否属于第二种，但我们知道他对玛格丽特的爱强烈而痛苦。

此时的莱奥，已经从一个可怜的受害者，变成了玛格丽特所仇恨的富人，变成了她报复的对象；而此时的玛格丽特，已经从家庭穷困的牺牲品，变成了感情的骗子，变成了为金钱不择手段的玛丽与皮埃尔的同谋。

玛格丽特感激莱奥，感激他让自己在贵族面前扬眉吐气，感激他给自己带来了前所未有的优越感。不过她只是感情与金钱交易的牺牲品、骗子与同谋。

第四章　情人

1. 天使与恶魔

莱奥是个聪明睿智的年轻人，他富有而有才华，凭借着精明的经商头脑，在当地同时经营着几个很大的房地产项目。

据资料记载，莱奥当时坐拥五千万套住宅，遍布整个印度支那地区。在当地，没有人不知道莱奥的名字，城市大多数住宅都是他开发的。不夸张地说，莱奥支配着半个西贡市。

与莱奥的交往使玛格丽特身价倍增。上流社会的白人女孩开始主动接近她，主动与她聊天，约她课后一起参加贵族的俱乐部活动。但在玛格丽特心中，对人与人之间的距离有着极清晰的界线。

玛格丽特很清楚贵族女孩们讨好她的原因，很清楚她们并不是真心接纳她。于是玛格丽特小心地拒绝着身边人的"好意"，谨慎地过滤着自己的生活圈子。

玛格丽特又恢复了先前的孤独冷傲，这一次不是因为自卑，而是出于某种并不单纯的优越感。

她高傲地昂起头走路，目不斜视，对经过身边的贵族同学看也不看一眼，将他们对自己的微笑直直地回绝回去。玛格丽特的步伐不再从容，她承认自己有时故意搔首弄姿，希望吸引同学们羡慕的目光。

莱奥的财富带给玛格丽特的优越感，使她不再像从前那样团结当地的安南同学了。虽然玛格丽特很清楚自己是狐假虎威，但她内心已经无法接受家境贫寒、举止寒酸的安南同学了。

她时常会同情他们，因为她知道自己和他们的本质是一样的。但她的眼界已经被打开，再和他们相处的时候，她的心态已经无法恢复到从前那种亲近平和了。

玛格丽特的转变让身边的同学非常不舒服，刚开始大家只是有意疏远她，可是当大家发现玛格丽特强大的内心根本对这些孤立不以为意的时候，大家决定惩罚一下这个傲慢的姑娘。

从此，大家很默契地忽视她，对她不闻不问。当玛格丽特走在校园的时候，她简直就是透明的，大家都视她为无物。

夏瑟鲁普-洛巴中学的学生们是很聪明的，每个人都知道对方的利益需求是什么。大家深谙处世之道，知道如何满足对方的虚荣心，如何让对方过得舒服。当然，精明的学生们也知道玛格丽特的软肋在哪里，知道如何处事会让她最痛。

其实玛格丽特虽然精明，但毕竟涉世尚浅，还不是个城府很深的女孩，以至于大家可以很容易地探究到她孤傲的根源。

也许越是复杂的东西就越简单，越是坚强的东西就越是脆弱。玛格丽特的同学对她采取了语言攻击的方式，来彻底瓦解她的自尊心。

他们当着玛格丽特的面大谈特谈街上的妓女，谈论她们有多么廉价、多么不要脸。然后，会有几个男同学满地堆笑地走到玛格丽特面前，问她妓女一夜要多少钱，辛辣的词语中有很复杂的意味。

玛格丽特还是相对单纯的。最初她并不知道妓女是什么意思，只是经常从大哥皮埃尔口中听到这个词。既然是大哥骂自己时经常用到的词，玛格丽特并没有放在心上。

可是有一天，玛格丽特偶然间知道了这个词的意味。当她了解了这个词的时刻，她的盛怒立即不可抑制地从心底翻滚了起来。她感觉自己的血液直冲大脑，心脏像要被胀破一样疼痛，有气流堵在胸口使她不能呼吸。

玛格丽特的泪水夺眶而出，像她心中久久不能释放的压抑，再也不能被抑制了。

此时的玛格丽特并不想收回泪水，就让泪水尽情地流吧，就让压抑尽情地释放吧。所有的委屈在这一刻争先恐后地从心底涌出，长久以来伪装的坚强，不知多少次扬起头忍回的泪水，都在这一刻汹涌地奔流了出来。

尽情地嚎啕，何必在乎周围人的目光；尽情地挥泪，何必为难自己假装坚强。玛格丽特哭得跪坐在了学校狭长的走廊上，她哭得是那么伤心，那么绝望。

玛格丽特好像有几个世纪没有流过眼泪了，被母亲和大哥打骂她不曾哭过，受到老师责罚她不曾哭过，甚至连父亲去世都不曾让她流泪。这个坚强而脆弱的女孩子，仿佛已经忘记了女人的特权，忘记了伤心的时候还可以哭，忘记了孤独的时候还有眼泪陪伴。

一直以来，玛格丽特坚强而独立地生活着、承担着，她的内心仿佛已经强大得可以装下整个人生的苦难。

面对所有的委屈，玛格丽特从来只是微笑。她微笑地面对任何让自己感到孤独或者难过的事情。玛格丽特忘记了在无人可以依靠的时候，可以陪伴她的不只有微笑，还有泪水。

这一刻，玛格丽特的周围十分寂静，面对她突然地崩溃，所有人都沉默了。

没有人见过玛格丽特的脆弱，仿若一座巍峨壮丽的城堡瞬间坍塌。这种美的坍塌带动着所有人的情绪，气氛从最初的惊恐变为沉重，再由沉重转为悲催，最后由悲催生出怜悯和深深的同情。

也许，每个人都能从玛格丽特身上或多或少地找到自己的影子，找到自己的脆弱和坚强。

这件事之后，同学们不再欺辱玛格丽特了，她的泪水是最好的妥协，妥协是对自己最好的保护。玛格丽特收敛了锋芒，从不食人间烟火转为平顺柔和。

玛格丽特文静的时候比大多数女孩子乖巧得多，她的平和柔弱很能引起男孩子的保护欲，而她骨子里的野性又很能引起男孩子挑战的欲望。没过多久，玛格丽特又吸引了男孩子们的目光。甚至有些贵族男孩对玛格丽特展开了猛烈的追求。

这些男孩子的追求，很快就被莱奥知道了。但他没有对玛格丽特说什么，只是把她看得更紧了。

每天放学时，莱奥的豪车都会等在玛格丽特学校的门口，只要玛格丽特一走出校门，莱奥便不由分说将她拉进车里，迅速关上车门。莱奥不许玛格丽特在学校多逗留一分钟，不许她与其他学生一起参加课外活动，甚至不许她与男孩子们说话。玛格丽特知道莱奥吃醋了。

前段时间同学们给玛格丽特的教训让她学会了乖巧。此时的玛格丽特对莱奥言听计从，不想在学校与男同学交往的事情节外生枝，更不想因此激怒已经开始怀疑她的莱奥。

玛格丽特知道莱奥开始监视她了，所以每天放学后，玛格丽特总是早早地走出校门，径直走进莱奥等在那里的豪车。一切行为看起来循规蹈矩，本本分分。

但是，表面的乖巧并不能掩藏玛格丽特内心的叛逆。玛格丽特乖巧的时候是天使，但内心中一直住着一个不安分的恶魔。

作为对莱奥的报复，玛格丽特开始在学校暗暗接受男同学的追求。她很聪明，很懂得与男人斡旋。她从未接受过任何一个男生的表白，但也从不拒绝。玛格丽特心安理得地接受贵族男孩们对自己的好，然后半推半就，好像在拒绝，又总是给对方留一个希望。

莱奥对玛格丽特的变化是有察觉的，但他抓不到玛格丽特的把柄，没有可以证明她与男孩子们玩暧昧的证据。但精明的莱奥对玛格丽特并非束手无策，他要用自己的方式警告她，让她收敛，让她害怕。

莱奥处理事情的方式就像他本人一样特别，但这对玛格丽特却非常有效。

一天放学后，莱奥把玛格丽特带到了一个地下影院，带她去看了一部暴力电影。影片中，出轨的妻子被丈夫打得体无完肤，跪地求饶。在这个时候，莱奥突然抱住玛格丽特，贪婪地亲吻她的脖颈。她不敢推开他，不知是因为恐惧还是被亲吻的快感，玛格丽特浑身颤抖。

这部影片在玛格丽特心中留下了阴影，但这方法奏效了。回到学校后，玛格丽特果断地断绝了与贵族男孩子们的暧昧。

除此之外，在暴力的画面前，莱奥贪婪的吻带给了玛格丽特前所未有的快感。在那种极度恐惧的画面前，在那种缺乏安全感的时刻，一个男人突如其来的亲吻使得玛格丽特对这个男人非常依赖。但是她知道，这种保护的前提是：要听男人的话。

2. 爱情渐暖

穷苦出身的玛格丽特从来没有参加过白人学生组织的贵族俱乐部，尽管同学们出于这样或那样的目的，曾对她发出过邀请，但玛格丽特同样由于这样或那样的原因统统谢绝了。

不过，贵族派对对于玛格丽特而言并不陌生。莱奥在西贡市经营着几家很有名气的豪华夜总会，几乎每天晚上，他都会带玛格丽特去不同的夜总会视察，所以玛格丽特自然是夜总会派对的常客。

在莱奥经营的所有豪华夜总会中，泉园夜总会最负盛名。那里聚集了各行各业的社会名流，所有人都以能在这里参加聚会为荣。

泉园夜总会是依附着堤坝建成的，里面有一个截取河水的、在河床上直接挖成的奢华游泳池。玛格丽特非常喜欢这个漂亮的游泳池，浅蓝色的池水清澈见底，仿佛镶嵌在整个会所建筑群中的一颗闪亮钻石。

夜幕降临时，深蓝色天鹅绒般的夜幕下，泉园夜总会的灯光美得仿若仙境的幻象。

这里有涂着浓重香粉的白种女人，有喝得醉醺醺的法国男人，有穿着暴露的丰腴高级妓女，也有富有绅士的安南男人。在热带花园式的会所建筑群中，一个个装修雅致的热带风格小房间散落其中，供客人与妓女们玩乐之用。这里每天都上演着世间最顶级的奢华享乐。

夏季的夜晚，莱奥经常带玛格丽特参加这里的派对。他非常注重礼节，按照当地的习俗，任何一个未出嫁的姑娘，出席这样的娱乐场所都必须由家人陪同。所以莱奥每次都邀请玛丽和玛格丽特的两个哥哥陪同她一起参加。

玛格丽特的家人很喜欢这样的派对，毕竟，这样的聚会凭借他们自己的实力是永远不可能见识到的。

通常，莱奥会先请玛格丽特一家人去堤坝餐厅吃晚饭，那是一家昂贵而奢华的餐厅。就餐环境十分高雅，来此就餐的客人都是社会名流。玛格丽特一家人在这些客人中，显得格格不入。

大哥皮埃尔总是点菜单上最昂贵的菜，当菜品端上来的时候，大哥总是迫不及待地第一个品尝，而且从来不说"谢谢"，这让玛格丽特非常尴尬。

玛格丽特的小哥哥保尔同样让她感到尴尬。保尔对莱奥很不友善，玛格丽特一直想不通这是为什么，难道仅仅因为莱奥是安南人吗？但保尔又比莱奥好在哪儿呢？

保尔虽然迷恋汽车，但至今一事无成，他承担不起养家的责任，玛格丽特一家都在靠莱奥供养。在这样的情形下，面对莱奥，保尔还有什么资格高傲呢？

好在母亲还算让玛格丽特安心,虽然她不善于装扮,总是弄巧成拙,但她对莱奥客气而友善。

母亲总是穿着一件睡袍一样的长裙,裙子的剪裁没有腰身,只有一根打了褶的腰带。在玛格丽特的记忆中,母亲一年四季都穿着过膝的长筒棉袜,肩上永远背着一个大大帆布包,里面装着租让地的地契以及各种高利贷的收据。

玛格丽特无法从莱奥的举止中猜测出他对自己家人的看法。她担心莱奥会对自己的家人反感,担心母亲和两个哥哥的举止会让莱奥在朋友面前脸面尽失。

但莱奥毕竟是受过良好教育的绅士,他从来没有向玛格丽特流露出一丝不快。这种体谅和包容深深打动了玛格丽特,她发现自己正在一点一点爱上莱奥。

可是不久后,新的问题又出现了。

连续参加了几周泉园夜总会的派对后,玛格丽特的家人开始对此感到厌倦。他们不再陪同玛格丽特参加派对,但却要求从莱奥那里得到比从前更多的好处。他们逼着玛格丽特借派对的机会向莱奥要钱。

玛格丽特拒绝这样做。对于玛格丽特而言,能够接触上流社会已经很满足了,实在没有理由、更没有颜面伸手向莱奥要钱。但是大哥告诉她:没有理由就出卖色相。

大哥皮埃尔是个不折不扣的流氓,玛格丽特自然不会按他说的做。

事实上,这段时间玛格丽特很少向莱奥要钱。自从她发现自己爱上了莱奥后,便希望可以与莱奥平等相处,像真正的恋人那样谈论感情,而不是为了利益向他谄媚。玛格丽特不想自己和莱奥之间的话题永远围绕着钱。

为此,玛格丽特付出了惨痛的代价。

每当玛格丽特回到家中，大哥都会第一个冲上去向她要钱，然后是跟在大哥后面的母亲。他们翻遍玛格丽特的每一个口袋，一旦没有翻到钱，怒不可遏的大哥就会一把将玛格丽特推倒在地，拼命踢她。这个时候母亲从不过来阻拦，她会站在一旁饶有兴致的观赏。

当皮埃尔将她推倒的时候，玛格丽特必须马上站起来，因为如果倒在地上不动，大哥便会被激怒。他会冲上前去狠命抓住玛格丽特的头发，用尽全身的力气将她的头往墙上撞。

很多次，玛格丽特都觉得自己马上要死了。她感觉自己的头几乎要被撞碎，她很确定自己不久后就会死于脑溢血。

但即使如此，玛格丽特也没有再伸手向莱奥要过一分钱。她要学会经济独立，要在莱奥面前赢得尊重，她不要再以一个乞讨者的形象出现在他面前。

当然，玛格丽特一直很奇怪，莱奥明明知道她非常需要钱，从她总是遍体鳞伤的身体应该也不难猜出是因为钱的原因。可为什么莱奥从来都不主动给她钱呢？一次都没有。

虽然莱奥从不主动给玛格丽特现钱，但他经常带她去昂贵的餐厅吃晚餐。餐后，莱奥会把玛格丽特带到热带花园的小房间，轻拥着她，对她说："我爱你。"

此刻，玛格丽特很幸福。她面颊绯红，依偎在莱奥的怀里。她渴望被拥抱，渴望找到一个停留的怀抱，一个让她感到温暖、安全的怀抱。她问莱奥会不会介意她的家世，莱奥想了一会儿，低沉温柔地在她耳边说："我相信我可以爱你，依然、始终、永远。"

在野性浪漫的热带风情中，在洒满繁星的夜空下，玛格丽特沉醉在莱奥的怀抱中，第一次堕入爱河，相信了永远。

莱奥温柔地抱着她，两人静静感受着彼此的体温、呼吸和心跳，暧昧的气氛中有正在升温的欲望。虽然莱奥二十出头，正直血气方刚，但他对玛格丽特很规矩，他有自己的原则。

玛格丽特从不掩饰自己的欲望，从不否认自己是个野性而浪漫的女人。当她依偎在莱奥怀里时，她觉得自己的欲望正在被点燃，她很期待莱奥可以有进一步的行动。

玛格丽特拉起莱奥的手，用食指轻触他的手指，她要将自己悸动的心和燃烧的欲望通过手指传递给莱奥。莱奥很默契地回应着她，亲吻她每一根手指。他们十指相扣，莱奥的另一只手轻轻滑过玛格丽特的肩膀，在她的腰间游走。

玛格丽特的身体仿佛涌过一道热流，随着莱奥的手指在她身体里流动，所经之处燃起一团火焰。玛格丽特的身体在燃烧，欲望在呼号，她紧紧贴向莱奥，想让自己融入莱奥的身体，想要就这样一直紧紧地贴着他，再也不要分开。

相拥，沉默，良久。这一刻，不需要言语，他们的身体懂得另一种语言。

两个年轻人紧紧拥抱着，坐在浪漫热带风情的月光下。微风吹过，带来阵阵花果的清香，风是甜的。花丛中传来阵阵虫鸣，这声音是如此欢愉悦耳。虫儿们是不是也在寻找爱情？月光洒在这对爱侣身上，将他们笼罩在一片梦幻的光辉中，如此完美。

3. 余烬中挣扎

莱奥与玛格丽特的感情在逐渐升温，他们相处得很好，幸福而相爱。两个人很有默契地小心呵护着这份爱，非常小心。虽然两个人的心中都有不安，都知道这是一份不被看好的爱情。

玛格丽特从没想过自己会爱上一个安南人，在爱情的迷雾中，女人的情感永远战胜理智。而对于莱奥，他的家庭是坚决反对他与法国女孩相恋的。

在这份爱情中，两个人的压力都很大，但两个人都没有放弃。莱奥与玛格丽特承受着巨大的压力艰难地相爱着。通常，压力会使两个人的关系更加紧密，但太辛苦的爱情是坚持不了太久的。

玛格丽特的母亲和哥哥不停地逼玛格丽特向莱奥要钱，如果不从就免不了一顿毒打。如果只是毒打玛格丽特是可以忍受的，但她不能违背的是自己对家庭的责任和爱。

迫于无奈，玛格丽特只好再次开口向莱奥要钱。

舞会上，玛格丽特同莱奥跳一支舞，就要向莱奥要几个皮阿斯特；舞会后，莱奥想要摸摸她的手，就又要付给她几个皮阿斯特。莱奥对此十分反感。

在莱奥眼中，玛格丽特之前的高傲和美好正在一点点消失，逐渐变成了一个只要用钱就可以买到的女孩，与夜总会里的妓女没有区别。

玛格丽特感觉到莱奥对自己的鄙视，但她没有办法，心里非常委屈。

玛格丽特不知道自己哪里做错了，她只是想通过自己的努力让家人过得好一点。她向莱奥要钱，是因为莱奥支付得起这笔钱，是因为她把莱奥当作自己的依靠，她在莱奥面前卸下了伪装。然而当她用真实面目毫无掩饰地去面对莱奥时，这个男人竟然不爱她了。

每次向莱奥开口要钱时，玛格丽特都感到非常耻辱。她用低到尘埃中的姿态向莱奥要钱，心中非常怯懦。

玛格丽特担心遭到莱奥的拒绝，那样她会死。她不明白莱奥为什么从来不主动给她钱，难道他不知道自己的难处，难道他并不像他说的那样爱自己吗？玛格丽特和莱奥之间的天平失衡了，莱奥的爱正在一点点流失。

玛格丽特开始检讨自己。是不是自己不够温柔，是不是自己太过孤傲，她开始为莱奥改变，只是她并没有找到两人间问题的关键，她不懂莱奥的心。

每天放学，玛格丽特都准备好笑脸迎接莱奥，可这谄媚的笑容令莱奥更加反感，每次面对玛格丽特的时候，莱奥总是很压抑。

当一个男人和自己的女人在一起表现得很压抑，那么首先要考虑两个人之间是不是存在着什么矛盾，如果没有，那么这个男人并不爱这个女人，只是在敷衍她。

对于这么简单的道理，玛格丽特是明白的。可她不甘心，她认为一定是哪里出了错，她相信莱奥一定不会背叛对自己的爱，一定是自己哪里做得不够好，一定有什么办法可以挽回莱奥的心。

当爱情来临之前，玛格丽特永远想不到会有这么刻骨铭心的爱情，当爱情失去之前，她同样不会相信这么刻骨铭心的爱情也会晨雾一样散去。

其实，玛格丽特哪里都没有做错。像玛格丽特这样的穷人家姑娘，与莱奥这样的富家公子哥儿相处两年，已经很不容易了。

莱奥条件优越，身边的女人实在太多。他身边无时无刻不充斥着诱惑，玛格丽特的美丽他已经腻了。外加玛格丽特独特的高傲已经消失，在他面前已然成为了一个拜倒在金钱面前的世俗女孩，莱奥对她的欣赏已经消失了。

当然，毕竟有累积了两年的感情，莱奥试图将感情升温。但他发现，除了身体，他已经不能从玛格丽特身上得到更多。而玛格丽特是个纯洁保守的姑娘，她不会把自己的身体交给莱奥，所以莱奥在玛格丽特身上已经没有更多价值可挖了。

莱奥凭借着商人的精明，在这段不会再有更多回报的感情中，决定不再追加投资，想要撤出结束这段感情。

于是莱奥开始对这份感情进行冷处理。每天放学，莱奥不再开车出现在玛格丽特的学校门口，不再接玛格丽特放学了。起初，玛格丽特以为莱奥也许有事要忙，并没有放在心上。

可是，一天过去了，两天过去了……五天过去了……一周过去了，莱奥再也没有出现过。

玛格丽特乱了阵脚。最初的几天，玛格丽特拼命为莱奥找理由，她不愿意相信莱奥有意回避她，但她心中已经很清楚，只是不甘心，不愿意相信。对于莱奥的冷漠，玛格丽特毫无办法，只能等待。

莱奥对玛格丽特的热情已经退火，可这个时候，玛格丽特已经从最初的逃避转为对莱奥的迎合，转而不可求药地爱上了莱奥。

女人就是这么容易受伤。玛格丽特这样慢热的女人对爱情非常认真，这种女人常常被爱情伤得最深。玛格丽特在泪水中等待，在煎熬中等待，在孤独寂寞中等待，她能做的，就只有等待。

在漫无边际的等待中，玛格丽特想：是不是自己应该更放开些呢？如果她让莱奥发现自己身上还有更多内容可挖，那是不是可以重燃莱奥昔日的热情？

她不确定莱奥是不是还会出现，但她不甘心，放不下。她一遍遍告诉自己要放下，如果能忘记莱奥最好，但她根本做不到。

终于，在莱奥消失的第十五天，玛格丽特又在校门口看见了莱奥的黑色莫里斯·莱昂·波莱牌豪华轿车。

玛格丽特喜出望外，她忘记了矜持，也根本不想矜持，她怕自己的矜持让莱奥再次离开。她飞奔向莱奥，飞奔向未知的幸福或者灾难。但莱奥并没有走出车门迎接她，他仍然紧闭车窗，仿佛猎人等待自投罗网的猎物。

玛格丽特钻进莱奥的汽车，她非常紧张，不知该如何面对半个月音讯全无的莱奥。

她想冲莱奥发火，想责问他为什么这么久都不联系自己？想问莱奥是不是也像自己想念他一样想念自己？可是，当她与莱奥的目光相遇时，她什么都说不出来了。莱奥的脸色非常阴沉，玛格丽特猜不出他在想什么。

这种对未知的恐惧让玛格丽特十分不安。她觉得自己和莱奥之间感情的主动权完全被莱奥掌控着，她只有承受。

玛格丽特觉得莱奥能够清清楚楚地看透自己，而自己却完全猜不透莱奥。也许她多多少少也能读懂一点他的心，至少她心里是明白莱奥的拒绝，只是她不愿意相信。

玛格丽特在和莱奥的感情中选择了错误的坚持。她坐在莱奥的身边，看见莱奥面沉似水，她知道莱奥就要对自己审判了。

但是，玛格丽特不能容许这种事情发生，她不能眼睁睁地看着自己的爱情死亡，她必须做些什么来挽回局面。于是她贴向莱奥，拉起莱奥的手，将他的手搭在了自己的肩头。

莱奥并没有回应她，仍然直直地坐着，一言不发。两人之间的气氛非常凝重，玛格丽特不知道该如何打破这种沉默。

伤害总是留给那些对距离界线不清的人，玛格丽特就处于这种状态。她不知道莱奥已经半个月没有联系她，是不是说明莱奥不再爱她；她不知道莱奥对自己的冷淡，是不是说明不再爱她。其实她知道答案，只是不愿意相信。

玛格丽特绝望至极，思念交织着委屈卑微一齐涌上心头，她再一次流泪了。

此时的玛格丽特多想扑进莱奥的怀抱，多想莱奥可以抱抱她，恢复往日的柔情。但她不敢向莱奥提出要求，她爱得如此痛苦而卑微。玛格丽特小心翼翼地抽泣，她担心泪水会冒犯莱奥，她担心莱奥会在任何时候宣判他们爱情的死刑。

4. 无需告别

玛格丽特绝望的泪水对莱奥起了作用，玛格丽特感觉到了莱奥手臂的力量，他温柔地抱住了她。

玛格丽特此刻的心情非常复杂。她享受这一刻，又觉得此刻的温柔是她求来的，随时可能消失。她顺从地躺在莱奥的怀里，心中生出一种寻找依托，让自己平静下来的强烈愿望。她在莱奥的怀里寻找安全感，像一只惶恐受伤的小兽。

突然，莱奥低下头，霸道地吻上了玛格丽特的唇。

莱奥的唇很薄，吻上去有一种湿润但清新的感觉。玛格丽特被他突然的举动惊住了，她没有想到莱奥会用这种方式打破刚刚的温存。她下意识地推开他，跳下了车子，向地上不停地吐口水，完全没有顾及周围人诧异的目光，也没有察觉到莱奥尴尬的表情。

吐完后，玛格丽特没有再回到莱奥的车上，她不知该如何面对莱奥，她觉得自己被冒犯了，但也清楚自己刚刚的行为同样伤害了莱奥。

玛格丽特自顾自地往前走，把莱奥一个人丢在车上，没有再回头。玛格丽特想要暂时逃离这份感情，至少是形式上的。她开始理解莱奥这十五天来的沉默，她知道莱奥现在和自己一样，不知该如何面对这份感情。

可是，玛格丽特没有走出太远，莱奥的车就从后面追了上来。

莱奥不顾玛格丽特的挣扎，一把将她拉上车，紧紧拥入了怀中。玛格丽特伏在莱奥的胸口恸哭起来。她挥拳捶打莱奥的胸口，泪水湿透了莱奥的丝绸衬衫。

"你为什么不爱我？"玛格丽特问。

莱奥搂着她的腰，表情在抽搐。

良久，他轻声说："你让我痛不欲生。"

就这样拥抱了不知多久，莱奥放开了她，目光恢复了昔日的柔情。

莱奥与玛格丽特计划未来，他要带她回到法国，在那里他们可以过没有家庭压力、没有世俗干扰的日子。玛格丽特被莱奥关于未来的计划感动了，她愿意和莱奥结婚，渴望和这个可以保护自己的男人生活在一起。

玛格丽特真心希望嫁给莱奥，希望他可以带自己脱离苦海。嫁给莱奥，随他去法国，是玛格丽特逃离悲惨生活唯一的方式。

玛格丽特愿意对莱奥倾诉，她需要倾诉，而莱奥总是在她身边耐心倾听。玛格丽特天真幸福地憧憬着法国灿烂的阳光、浪漫的梧桐，憧憬着未来和莱奥一起度过的快乐时光。

这就是孤独的女孩，她的孤独如此不堪一击。

在玛格丽特寂寞孤独的时候，如果有一个男人愿意对她伸出手，只要他的手是宽厚温热的，那么他究竟是谁，对玛格丽特而言已经不重要了。

玛格丽特爱上了这个莫里斯·莱昂·波莱牌豪华轿车里的男人，她不在乎他的种族肤色，即使她并不清楚自己到底是爱上了他的灵魂，还是他的体温。

男人会记住让他流泪的女人，然后陪在让他欢笑的女人身边；女人会记住让她欢笑的男人，然后陪在让她流泪的男人身边。

此刻的玛格丽特多么希望可以停留在莱奥的怀抱里，她已经离不开这个曾带给她莫大优越感的男人了。躺在莱奥怀里，她贪恋这一刻的幸福，即便幸福中混杂着极度的痛苦。她担心一旦放开手，一切都将一去不复返。

只是，伟大的感情终究拗不过强大的命运。在莱奥与玛格丽特相恋两年后，莱奥的父亲忽然要求儿子终止与玛格丽特的关系。

莱奥的父亲对法国人极为反感，之前他一直不知道儿子在与一个法国女孩交往，直到莱奥对父亲提到自己未来的规划，提到要迎娶玛格丽特一起回法国。

那是一个平静的午后，莱奥像往常一样等在玛格丽特学校的门口，打算等玛格丽特放学后，当面向她提出分手。

当学监老师摇着手铃宣布放学时，玛格丽特鸟儿一般地扑进莱奥的怀里。她笑容满面地望着莱奥，对他讲学校的故事。莱奥非常为难，他不忍心伤害这个天真的姑娘，虽然自己对玛格丽特的感情已经不像之前那样浓烈。

莱奥是个有责任心的男人，他了解玛格丽特的家庭情况，也了解玛格丽特寂寞孤独的内心。他知道自己是玛格丽特的精神支柱，他无法想象当他宣布分手后，玛格丽特会有多么伤心和绝望。

在相恋的两年中，莱奥对玛格丽特的感情已经逐渐从爱情转变为了亲情，他不忍心看玛格丽特绝望，他不想彼此看到对方的脆弱。

于是，莱奥取消了残忍的计划，他实在无法面对玛格丽特天真憧憬的眼神。

回到家中，莱奥对父亲坦言了自己的为难，父亲非常理解，可是理解不等于支持。不久后，莱奥的父亲决定亲自拜访玛丽，对她坦言了自己的反对。他要求玛格丽特一家马上离开西贡，为此他愿意付出任何代价。

此后，莱奥再也没有找过玛格丽特。玛格丽特知道，如果莱奥执意和自己在一起，他将继承不到一分钱的财产。而如果莱奥没有钱，自己还会爱他吗？如果莱奥继承不了财产，自己的家庭又怎么可能允许他们在一起呢？

对于爱情的死亡，玛格丽特是有预感的。分手的疼痛随着时间一点点地渗透进玛格丽特的心，她每天都在疼。

不过对于这种日积月累的疼痛，莱奥和玛格丽特都已经麻木。他们在理智上早已经接受了分手的事实，只等着找一个合适的机会，彼此说明一下，给这份感情一个说法。

所以，当莱奥的父亲带着二百万皮阿斯特来到玛格丽特家，交给玛丽要求她带着家人马上离开西贡时，玛格丽特并不意外，只是愣在那里，忘记了呼吸。

玛格丽特一家人离开西贡那天，莱奥来到码头为玛格丽特送行。但他没有上前与玛格丽特说话，只是远远地望着她，久久地凝视。

这种眼神让玛格丽特想起了初遇莱奥的情景。当初她站在甲板上对莱奥也是这种凝视的目光。现在与当初一样没有情浓，只是经历了一个自我燃尽的过程，然后回到最初的凝望。原来一切都是一场轮回，因果早已命中注定。

玛格丽特望向身边的母亲，玛丽很开心，因为旅费是莱奥的父亲出的，对于玛丽而言，只要得到钱就很开心。玛格丽特知道，莱奥的父亲一定也很开心，他们一家终于走了，他用钱挽救了儿子的声誉，他不在乎这些钱，双赢的做法。

而对于莱奥和玛格丽特而言，虽然分别是痛苦的，但他们终于从痛苦中解脱了，回到了各自的生活，回到了深爱着的家人身边。既然深爱的人都很幸福，两人分离的痛苦也是欣慰的。

轮渡起航了，莱奥的身影在情感的跌宕中变得模糊不清。

玛格丽特最后一次望向他，在他眼中找寻真爱。当彼此消失在视线的尽头，他们也将消失在彼此的生活里，回到各自的世界。生活中有比深夜更浓的黑色，目光中没有了色彩。往复的悲伤，犹如击石的海浪。遗忘是我们留给彼此的最好念想。

第五章　辗转漂泊

1. 溢彩之都

一九三一年夏天，玛丽带着一家人登上了返回故乡——法国马赛的渡轮。

渡轮起锚了，码头越来越远，送行的人影逐渐模糊。玛格丽特将她的记忆留在海岸上，浪花将一切推向远方。生活是一种无法抗拒的前进，无论主动争取还是被动接受，人生都在前行。

渡轮在漫无边际的大海中航行，海面风平浪静，一丝风也没有。玛格丽特爬上顶层甲板，闭上眼睛靠在船舷上。海风吹着她年轻的面庞，风中有海浪的腥咸和阳光的愉悦味道。

蔚蓝的海面上远远近近散布着不知名的小岛，玛格丽特喜欢这种在地图上永远找不到的、没有标记的无名之地。这些小岛今天存在，明天也许就消失在这个世界上，没有人在意它的出现，也没人在意它的消失，多么神秘而自由！

夜幕降临，银星缀满无际的夜空，这是只有在海上才能见到的辽阔的夜空。没有边迹、亦无遮掩，一切毫无保留地呈现在眼前。思想可以在这样的夜空无限驰骋，海风可以将它送到无限远处，没有阻拦、亦无牵绊。

忽然，玛格丽特听到一阵急促的脚步，紧接着，她看到一个男子的身影跑过。男子径直跑向船舷，翻过栅栏，转身跳进了黑色的大海。

玛格丽特被眼前突发的一幕惊呆了！

她立在那儿，一动不动。玛格丽特从未目睹过生命如此果决的了断。

玛格丽特不知道在男子身上发生了什么，也不知道是多么巨大的痛苦会使他选择放弃生命。但她理解男子的选择，在巨大的悲痛中，她也曾无数次想到过死亡。

她羡慕男子的勇气和果决，羡慕他能够放下一切，毅然选择生命的解脱。没有挣扎，没有呼喊，除了玛格丽特似乎没有人意识到这条生命的消失。

海面恢复了平静，黑暗吞噬着一切，浪花推动着渡轮继续前行。除了夜晚微凉的海风和马达低沉的轰鸣，夜晚静谧得没有一丝声响。

在漫长的旅途中，在无际的海面上，玛格丽特与自己的童年诀别了。她的童年在其他人眼中就像男子的生命一样无足轻重。没有人在意她的存在和感受。

正是这种忽视形成了玛格丽特孤独的性格。她对其他人缺乏信任，对生活缺乏信仰。在她的心中，从没有人为她指引，没有人给予她坚定的信念。

所以，玛格丽特的心始终是动荡的。

经历了漫长的旅途，渡轮终于在一个夜晚驶入了巴黎的码头。

法国巴黎，梦想之都。这里到处都是唾手可得的欢娱和短暂激情的快乐。夜晚的巴黎码头丝毫不减白天的忙碌与繁杂，码头上灯火辉煌，仿若一座繁华的都市。

码头上挤满了行行色色的人，有搬运货物的壮汉，也有游荡的讨饭女人。有人在翘首企盼来人，也有人朦胧着泪眼送别故人。

巴黎，一座浮华奢侈的城市。巴黎的灯光太过耀眼，交通太过拥挤，到处是浓妆艳抹的女孩和时尚夜总会。走过高档优雅的餐厅，路过随处可见的奢侈品商店，玛格丽特忽然想起了莱奥，想起了潜藏在记忆中的北方情人。

玛丽带着一家人来到了索姆山，那是她嫁给亨利前一直生活的地方，这里有她的父母和亲人。一家人在这里住了一阵子，稍作调整，然后经由杜朗，来到了位于普拉提埃的杜拉斯镇。

杜拉斯镇是亨利曾经生活的地方，玛丽一直放不下他留下的房产，决心回到这里与亨利的家人做最后的争夺。

这栋房子对于玛丽而言，不仅仅是一笔房产，它更是玛丽留住皮埃尔的希望。即使一再被皮埃尔辜负，玛丽还是为他今后的生活做好了打算。她希望这笔房产可以使皮埃尔安定下来，希望他留在杜拉斯镇成为一名绅士般的农场主。

可是，皮埃尔想要的只有鸦片和漂亮姑娘。

玛格丽特对房产问题并不关心，来到杜拉斯镇，玛格丽特立即被这里的乡间景色吸引了。

一家人到达杜拉斯镇是在一个雨过天晴的午后，雨水洗过的天空折射出澄净的蓝色。不同于巴黎市区的浮华喧嚣，杜拉斯镇仿若唱诗班歌颂的另一个世界。

乡间小路两旁是排列整齐的李子树，繁茂的枝叶装饰着道路，一直延伸到地平线的尽头。清冽的小溪从村庄穿过，沿途滋养着金色的稻田。远处山谷呈现出舒缓的线条，青嫩的山谷中点缀着洁白的羊群。山谷吹来的和风带来了里奥托牧场的干草味道。

杜拉斯镇的农民遵循着大自然的节奏播种与收获，过着简单忙碌的快乐生活。这里仿若一块被遗忘的土地，一切充满了自由。

玛格丽特一家人在杜拉斯镇度过了整个暑假，虽然玛丽仍然没有争取到亨利的房产，但玛格丽特在这里过得十分开心。假期即将结束时，玛丽决定带着一家人离开杜拉斯镇，自己安家。

凭借着多年的公务员身份以及年轻守寡又独自拉扯三个孩子的实际困难，玛丽向政府争取到了一套位于巴黎旺弗区维克多·雨果大道十六号的房子。

回到巴黎，皮埃尔马上恢复了嗜赌的本性。他和在印度支那时一样，每天昼伏夜出，嗜赌如命。

皮埃尔仍然每天向玛丽要钱去豪赌，拿不到钱便对玛丽和玛格丽特非打即骂。但皮埃尔在法国的赌运远不及印度支那，他常常输得身无分文却仍不肯罢手。最后，负债累累的皮埃尔将怨气全部发泄在了玛丽和玛格丽特身上。

皮埃尔的堕落使玛丽的精神受到了极大的刺激，她的疯病更加严重了。

精神失常的玛丽不惜一切代价放纵着皮埃尔。当她实在拿不出钱给皮埃尔时，竟然想到了让玛格丽特去偷！

有一次，玛格丽特拿了邻桌同学的钱包，但很快就被发现了。同学们向老师反映了情况，老师马上报了警。当警察赶到时，玛格丽特的心提到了嗓子眼儿，她非常害怕，脸色惨白，手不由自主地颤抖，紧张得无法呼吸。

当警察查出小偷是玛格丽特时，出乎意料地，同学并没有追究她的责任，也没有要求她赔偿。这名同学很有钱，也许看出了玛格丽特生活的艰辛，也许出于同情，总之他放过了她。

这件事之后，玛格丽特在学校再也抬不起头了。她想要退学，想要摆脱这令人窒息的羞耻感和无处不在的异样目光。可是玛丽和皮埃尔不允许她这样做。他们要她与家境富裕的男孩做交易，要她出卖感情为家里赚钱。

每天玛格丽特一回家，皮埃尔就翻遍她所有的口袋，拿走她身上每一分钱。皮埃尔说这是在教她如何生存，是为她好。

玛格丽特对玛丽和皮埃尔的命令言听计从。虽然她知道自己在利用男孩们的感情，但玛格丽特曾说过："我从没有为自己留下过一分钱，没有给自己买过一块巧克力，所以我不是个坏女孩，不是个唯利是图的坏人。"

由于皮埃尔嗜赌成性，玛丽的积蓄很快被挥霍一空，甚至到了变卖家具的程度。玛丽完全无心照顾玛格丽特和保尔，他们只能天天吃冷饭，玛丽只有在疯病发作时才会意识到他们的存在。

维克多·雨果大道十六号很快变成了地狱。那是一座充满绝望和怨气的房子，没有一样家具，没有亲情也没有关爱。房子里经常传出的，是玛丽凄厉的哭声和惨叫。

2. 昨日重现

随着法国对印度支那殖民化程度的加深，在印度支那开办的法国企业骤然增多。法国政府制订了各种优惠政策，鼓励法国白人在印度支那投资办厂，大兴工业。

诱人的政策重新点燃了玛丽的发财梦。加之在法国的生活实在令她心力交瘁，于是玛丽决定带领一家人重返印度支那。但这一次，玛丽把皮埃尔留在了法国。

一九三二年九月，玛丽一家人回到了印度支那，并在泰斯塔尔街一百四十一号买下了一栋房子，这里便成了玛丽之后永远的家。

泰斯塔尔街的房子有十二个带阳台的朝阳房间。开放式的门厅装修得精细雅致，宽敞门厅的墙上是圆拱型的落地玻璃窗。门厅采光角度很好，房间的光线随阳光照射的角度奇妙地变幻着。在这里仿佛可以触摸到具象的光阴。

房子前面有一个庭院式花园，花园门口摆放着两只镇守庭院的石狮子。花园中间是一座装饰着小天使的欧式喷泉，花园四周有白色的栅栏围墙，围墙外面种着罗望子树。微风吹过，树叶"沙沙"作响，仿佛诉说着古老庭院的故事。

在这一年，玛格丽特结识了新的伙伴——马克斯·贝尔吉埃。

马克斯·贝尔吉埃是玛丽旧时同事的孩子。这对夫妇要离开印度支那一段时间，为了能让儿子继续在印度支那读书，他们将他托付给了玛丽照看。当时马克斯只有六岁，他亲切地称玛丽为"教母"。

玛丽将马克斯安排在玛格丽特的房间，他一直睡在玛格丽特的上铺。玛格丽特很喜欢他，他们一见如故，相处得十分融洽。

玛格丽特一直想有个乖巧的弟弟，马克斯的出现正巧满足了她的愿望。玛格丽特处处保护他，当有坏孩子欺负他时，她总是怒不可遏，有时甚至大打出手教训那些坏孩子，为马克斯出气。

马克斯还是玛格丽特的倾诉对象。

一直以来，玛格丽特在家中都扮演着可有可无的角色，没有人在意她的感受。马克斯的出现，使玛格丽特长久以来压抑的感情终于找到了宣泄的对象。

玛格丽特每天对马克斯讲述学校发生的事情，对他发表自己对事物的看法。虽然玛格丽特并不确定马克斯是否能够理解她的观点，但这并不重要。马克斯非常愿意倾听玛格丽特的讲述，虽然他并不完全听得懂，但他觉得玛格丽特是个独特而有见解的女孩。

有时，玛格丽特甚至会把自己的文章读给马克斯听。

长久以来，在玛格丽特眼中，写作都是一件很私密的事情，她从不会拿自己的作品与别人分享。但是她对马克斯是没有保留的，也许正是从这时起，玛格丽特开始试着解放自己，试着通过作品将心事讲给别人听。

此外，玛格丽特还经常教马克思一些书本以外的东西。

她教他爬树，教他捕鸟抓鱼，对他讲阳光色的麦浪和微风中的果香。马克斯从玛格丽特的讲述中体验到了大自然的无穷欢乐，对大自然充满向往。

马克斯的父母并不富裕，因为是玛丽旧时的同事，所以玛丽并没有向他们收取马克斯的寄宿费。说也奇怪，像玛丽这样爱财的人，竟会心甘情愿放弃这样好的赚钱机会，甚至主动花钱为马克斯购买文具和衣物。

马克斯的父母对玛丽所做的一切充满感激。

马克斯的母亲在巴黎从事服装设计工作，是一名很有天赋但不得重用的服装设计师。她时常为玛丽设计服装，然后精心裁剪缝制，寄给玛丽。她的设计风格十分独特，每件作品都很符合玛丽的风格。玛丽对此非常满意。

玛丽每天早晨都会和马克斯一起乘黄包车去学校上课，放学后再把马克斯接回家中。每天晚上，她都会辅导马克斯做功课，然后向他讲授法国历史。在玛丽心中有着深深的爱国情怀。她颂扬法国肥沃的土地，赞美法国乡村粗犷的柔情，目光中充满回忆与向往。

有时吃过晚饭后，玛丽会坐在钢琴前，和孩子们一起弹琴唱歌。孩子们围坐在玛丽身边，唱上几首曲子，一家人其乐融融。这时，就连玛丽脸上也会泛出罕见的笑容。

在马克斯眼中，玛丽是一位严厉的母亲，她专制，但令人尊敬。

在这段日子里，一家人的生活很有规律。

每个星期天，玛丽都会带着家人去做礼拜，然后带马克斯去植物园游玩。

有时，玛丽会带着一家人去乡村郊游。一家人乖坐着四轮马车信马由缰。马车缓缓行进在芬芳四溢的林荫道上，大家享受着幽雅舒缓的幸福时光。此刻，所有人都从灾难中脱离了出来，忘却了往日的怨恨与暴力，心境变得安静恬然。

上帝仿佛听见了玛丽的祷告，在这段日子里，所有的阴云都慢慢散去，苦难仿佛走到了尽头。

不久后，玛丽的工作状况也出现了明显的好转。

在巴黎的长时间逗留，给玛丽带来了良好的声望。当地白人本来就很羡慕她能回到法国，加之重返印度支那后，玛丽立即购置了一栋漂亮的房产，使得上层社会对她刮目相看，并开始主动接纳她。

很快，玛丽开始出入上层社会的聚会。连印度支那总督罗泰梅尔夫人都向她发出邀请，玛丽成了贵妇们的座上宾。不仅如此，学校的上司对玛丽也十分器重，大家在对她的工作评语中给予了充分的肯定。

玛格丽特重新返回了夏瑟鲁普-洛巴中学。这一次，她仿若脱胎换骨一般。

玛格丽特是个漂亮年轻的姑娘，从巴黎回来后，她变得非常注重仪表，并且学会了化妆。玛格丽特每天上学时都妆容精致、神采飞扬。但是，玛格丽特仍然孤傲独立，身边没有什么朋友，虽然她各科成绩都很好，很受老师的赏识。

玛格丽特仍保持着热爱大自然的性格，她对大自然有着强烈的融入其中的渴望。她经常带马克斯去乡村摘芒果，带他赤脚蹚过奔流的小溪。在同学眼中，她孤独而神秘，美得让人吃惊。

玛格丽特经常一连几天住在郊外，她喜欢那种被遗忘的孤独。

是的，她对大自然有着很深的情结。自然仿若她生命的根源，她必须融入其中汲取精魂，否则她的生命就会凋萎。夏季的夜晚，玛格丽特经常在阳台上搭起行军床，睡在星空下。她喜欢一睁眼就能看到满天繁星，喜欢被自然包绕的感觉。

重返印度支那后，小哥哥保尔生活得也很惬意，他成为了一名机修技师。他所有的激情都体现在了汽车上，能够从事自己钟爱的事业，实在是一种幸福。

皮埃尔留在了巴黎，玛丽把对他的爱转移到了保尔身上。

玛丽用掉所有积蓄为保尔买了一辆霍奇基斯牌豪华双座敞篷汽

车。这辆车的后排座椅可以折叠，在副驾驶的位置还安装了一盏远光灯。保尔经常开着它去野外狩猎。他的枪法精准无比，曾用一支卡宾枪猎杀过一头麋鹿。

没有皮埃尔的日子家庭氛围安宁了许多。昔日家庭的暴力已经远去。对于母亲对保尔的偏爱，玛格丽特并没有什么不满意，她对母亲的爱从来没有过多的奢求。

现在，玛格丽特不再害怕母亲了，母女间保持着适度的距离，没有亲切，亦没有敌意。对于这种距离玛格丽特感到很舒服。在这种安全距离内，她既可以享受家庭的温暖，又不会感到拘束。

3. 新生活

此时的玛格丽特是夏瑟鲁普-洛巴中学的一名哲学专业学生。她身着巴黎流行服饰，将长发精致地盘起。玛格丽特有着金褐色的健康肤色和细长的暗绿色眼睛。她喜欢用嗔怪的语气讲话，举手投足间展现无限妩媚，是个猫一样的女子。

在这一年，玛格丽特读了许多书。包括额尔内斯特·勒南、笛卡尔、贝尔格松、米什莱等，这些都是哲学专业的学生必读的作品。这些作品使玛格丽特变得理性而睿智。

高中第二阶段会考时，虽然玛格丽特的数学成绩最好，但她选择了哲学专业。这个专业要求她以安南语作为外语考试科目，以至于玛格丽特不得不努力学习安南语，从一个专注于穿衣打扮的时尚女郎变成了勤奋好学的好学生。

学期结束时，玛格丽特顺利通过了哲学专业的考试，并获得了物理、化学两项三等奖学金。这意味着她马上可以重返巴黎，开始大学生活了。

罗歇·蒙拉郁克-玛格丽特在夏瑟鲁普-洛巴中学的同班同学，在他提供的毕业照上，我们看到玛格丽特兴高采烈，似乎可预见的美好未来正在向她招手。

高中毕业的暑期，玛格丽特一家人在柬埔寨的种植园里度过了愉快的时光。他们一边享受种植园的自然风光，一边着手为玛格丽特准备在巴黎生活的必需品。玛格丽特巴黎之旅的费用全部由印度支那政府承担，这使玛丽非常高兴。

一九三三年十月三日，玛格丽特第一次远离家人，独自一人登上了珀尔托斯号游轮，前往巴黎求学。

清晨，玛格丽特由玛丽和保尔护送来到码头。珀尔托斯号是一艘全长一百六十米的豪华游轮，玛格丽特被安排在头等舱。玛丽目送玛格丽特走上游轮，从黑色手提包里掏出绣花手绢，一边叮嘱玛格丽特，一边拭泪。

这是玛格丽特第一次看见玛丽为自己落泪。

与玛格丽特同行的还有罗歇·蒙拉郁克，他要前往图卢兹学习法律。

在为期二十六天的漫长旅途中，玛格丽特表现得无忧无虑、丝毫没有伤感的情绪。她每天和罗歇·蒙拉郁克一起聊天，政治、哲学、法律、信仰，无所不谈。他们很默契地避开关于玛格丽特家庭的话题，两人聊得很投机。在罗歇眼中，玛格丽特是个热情聪慧的姑娘。

头等舱的生活丰富多彩，他们每天在甲板上散步、聊天、喝咖啡、玩掷球游戏，然后两人共进晚餐。晚餐前玛格丽特总会换一身新的礼服，每晚当光鲜亮丽的她出现在头等舱餐厅时，总能吸引许多男人的目光。

晚餐后，玛格丽特经常会和罗歇一起跳舞。她很爱跳舞，船上乐队一开始演奏，玛格丽特的身体就情不自禁地随着音乐扭动。

在罗歇的回忆中，玛格丽特是个调情高手。舞会上，玛格丽特总是有意无意地撩拨着罗歇的欲望，很少有男人能够抵御像她这样一个风情女人的诱惑。玛格丽特与罗歇住对门，在旅途中，两人之间产生了虽不单纯，但却诚挚的情感。

一九三三年十月二十八日，珀尔托斯号终于承载着年轻人的梦想抵达了法国。玛格丽特与罗歇互相道别，然后保持了一段时间的短暂通信，之后便再无联系了。

码头上，玛丽旧时的同事——马科斯·贝尔吉埃早早地等在这里迎接玛格丽特，他开车将玛格丽特送往圣查里火车站。玛格丽特连夜搭乘特快列车前往巴黎。巴黎的站台上，皮埃尔已经等在那儿，准备迎接自己的妹妹。

此时的皮埃尔，已经从小混混成为了巴黎街头的捐客。他主要做鸦片生意，偶尔也给最下层的妓女拉皮条，有时自己也做男妓。

皮埃尔做男妓收费很高。他高大帅气，虽然因为长时间吸食鸦片而面容憔悴，但总有女人迷恋他上扬的嘴角和唐·璜式的忧郁眼神。皮埃尔在圈子里面很出名，他靠做捐客和男妓养活自己，虽然堕落，却乐在其中。

皮埃尔将玛格丽特安顿在旺弗区维克多·雨果街的公寓里。并请朋友替他们拍摄了一组照片，寄给玛丽，以证明一切安好，请她放心。

一九三三年十一月八日，玛格丽特正式在巴黎大学法学院注册。但是玛丽一直希望她能够从事高等教育职业，继承她和亨利的事业。为了遵循母亲的意愿，玛格丽特在十一月二十日，又注册了维克多-库森街的科学学院。

对于维克多-库森街科学学院的课程，玛格丽特并没有投入太多的热情。虽然她的数学成绩很好，但她已经放弃了考取数学教师资格证的想法，只听了第一学期的数学课。

玛格丽特放弃数学方面的深造，令玛丽感到很遗憾。但她对玛格丽特研修法律极为支持。

首先，当时女学生大都选择文学相关专业，很少有女学生研修法律。学习法律的，大都是来自大资产阶级的公子们。而且无论对于男学生还是女学生，巴黎法学院都是最有威望的学院。因此在这里攻读法律专业代表着声望。

其次，玛丽考虑问题的角度很实际。当玛格丽特学成归来，她可以找到一份很好的职业。法律专业的就业方向是司法、律师、政府机关和国家企业等。这些职位通常待遇优厚、工作稳定，并且有机会接触到大资产阶级的公子，可以成就一桩美满的婚姻。

玛格丽特在巴黎法学院的求学经历使她收获了一大笔人生的财富。她在这里结识了许多了不起的朋友，其中包括：阿兰·博埃等未来政治家；弗朗索瓦·密特朗，未来的法兰西共和国总统；亨利·拉卡米耶等著名商人；克罗德·罗伊等共产党员；让-巴普蒂斯特·比亚吉等律师界顶尖人物；还有她未来的丈夫——马克·昂泰尔姆·高罗纳·蒂斯特利亚。

玛格丽特在大学四年级时又选修了政治经济学和公共法，并于一九三七年获得了学士学位。在大学的四年中，玛格丽特对很多知识领域都有涉猎，但她的成绩并不优异，几乎所有成绩单都是"及格"。

日后，玛格丽特对此的解释是"缺乏良好动机"。玛格丽特对于法律的学习完全是按照玛丽的意愿进行，而其最终目的就是找一份好工作，嫁一个好丈夫。这个理由对于玛格丽特而言毫无吸引力，唯一支撑她学下去的就是她对玛丽的爱。

是的，玛丽需要玛格丽特成为一名优秀的大学生，她需要向所有人证明玛格丽特是个有前途的姑娘。每当玛格丽特告诉母亲她取得了好成绩时,玛丽都会到处宣扬。玛丽必须努力说服政府机关相信玛格丽特的出色,这样才能保证政府将她的教师职位长期保留。

在巴黎法学院的四年里,玛格丽特一直很忙碌。她不知疲倦地阅读,与各种人交往,用一切方式汲取知识。她不停地探索着,寻找人生的定位。这是她人生中十分重要的阶段,她的思想在这段时间得到了升华。

4. 救赎

初到巴黎,皮埃尔安排玛格丽特与自己一起住在维克多·雨果街十六号的公寓里。玛格丽特的出现改变了皮埃尔的生活。他再次打起了玛格丽特的主意,想从她身上压榨钱财,满足自己贪婪的欲望。玛格丽特的生活再度陷入了黑暗的深渊。

玛格丽特在小说《厚颜无耻的人》中,描写了一个对金钱永无止境欲求不满的人,这个人正是皮埃尔的缩影。

皮埃尔交往了一个女友,她是巴黎街头的妓女,皮埃尔经常帮她拉生意。与皮埃尔确定关系后,她便从良了。

她是善良美丽的女子,皮肤白皙、面庞清秀,有着大大的眼睛和疑惑的眼神。她完全不像街头的妓女,浅浅的微笑,清新的气质,楚楚动人。她有着塔纳格拉式的倩影。

她无微不至地照料着玛格丽特和皮埃尔的生活。虽然懂得不多,但她善解人意,玛格丽特与她建立了牢固的友谊。

有一天,她突然病倒了,高烧不退,面颊烧得绯红。这时玛格丽特根本找不到皮埃尔,不知道他又去哪里寻欢作乐了。玛格丽特立即将她送到了医院,医生诊断是肺结核。

当时肺结核是很难治愈的顽疾。患者不能劳累，要静养，而且需要不断补充营养。皮埃尔搜刮了玛格丽特的全部积蓄，此时玛格丽特根本没钱为她治病。

知道女友生病后，皮埃尔来医院探望了一次，只坐了短短几分钟，便匆匆离去。皮埃尔像躲避瘟疫一样躲避着重病的女友，完全不念及两人昔日的情分。

临终前，女友提出想见皮埃尔最后一面，玛格丽特飞奔回家去找皮埃尔。可是，她没能带回他，绝情的皮埃尔此时已有了新欢，全然不顾奄奄一息的旧爱。

眼看着皮埃尔女友的目光越来越游离，气息越来越微弱，玛格丽特心如刀绞，感到了生活的脆弱和无助。皮埃尔的女友临终前一直紧握着玛格丽特的手，仿佛向她乞求，求玛格丽特救她一命，她还如此年轻，还不想死。

玛格丽特一手料理了皮埃尔女友的后事，整件事情，皮埃尔从来不曾过问过。

皮埃尔女友的去世，将玛格丽特拖回到了绝望中。她时常观察穷苦人的表情，常常在他们脸上看到饥饿和病痛。贫民窟里的孩子由于缺乏营养，经常遭受水肿病的折磨。他们面黄肌瘦，但腹部鼓胀，眼神空虚而绝望。

在贫民窟，随处可见人们仓促掩埋的尸体。有些尸体已经从泥土中露出，玛格丽特无法无视那些残破不全的尸衣和惨白的尸骨。

但贫民窟的居民们对此已经麻木了。他们冷漠地从尸体旁经过，没有人惊讶，也没有人哭泣。在这样的痛苦中，玛格丽特知道了什么是人间的恐怖，明白了现实悲惨的秩序和无情的法则。她看清了冷酷残暴的人心，对生活感到绝望。

于是玛格丽特搬离了皮埃尔的公寓，没有向任何人告别就加入了"救世军"。这是一个救助穷苦人民的组织，她与社会最底层的穷苦大众一起生活了六个月，为他们提供吃住衣物。这段日子让玛格丽特看清了政治的黑暗和人心的冷酷。

玛格丽特开始信奉上帝，她每天读《福音书》，和上帝对话。她要涤除心灵上的罪恶，要忘却所经历的可怕的事情，她要回归原始的天真和心灵最初的美好。

玛格丽特开始怀念起印度支那来。她向往被水域覆盖的湿地和丛林，那里可以洗去所有的不幸，回归广袤无边的自由。

于是在某个黎明，玛格丽特一觉醒来，混杂着绝望和忧伤、失败和荣耀，她决定远离巴黎这座城市，横跨拉芒什海峡，去远方度假。玛格丽特在那里度过了一九三四年的整个夏天。

度假归来，玛格丽特没有再回到维克多·雨果街十六号，而是搬进了彭马歇商店后面的出租公寓。这里是有钱学生聚集的地方，很多学生都选择租住在这里，整个公寓充满了年轻的气息。

玛格丽特决定作别过去，开始新的生活。安顿好住处后，玛格丽特又用母亲刚刚寄来的生活费，买了一辆漂亮的汽车。

在出租公寓生活的日子里，玛格丽特有很多艳遇。她从不避讳谈及肉体之爱，她说："我对肉体之爱有一种真正的激情。"玛格丽特对肉欲的向往其实是对被爱的渴望，压抑的爱情需要肉欲来平息。她是个缺乏安全感的人，只有在疯狂的爱欲里，她才能感到真正拥有。

玛格丽特是个美丽大胆的女孩，她从不忠实于某一个男人。在她看来，爱人不过是爱情的载体，载体可以更换，但爱情不变，她要的是爱情。所以玛格丽特经常和一个又一个男人在一起，然后又一次次地离开。

法郎士·布鲁奈尔、乔治·波尚是玛格丽特在巴黎法学院的同班同学，他们与玛格丽特交往非常密切。在他们的回忆中，玛格丽特是个很容易让人对她一见钟情的人。她看人的眼神和方式，总是一副渴望得到爱抚的神情，让人很难拒绝。

玛格丽特在爱情的世界里，一直过着动荡的生活。

玛格丽特的感情无处寄托，于是她不停地写作。对现实的迷惘坚定了她成为作家的信念。她将过去循环往复的记忆碎片拼接在一起，在支离破碎的片断和模糊不清的痕迹中搜寻灵感，然后凭借自己独特的天赋和女人的直觉写作。

她一边表白自己，一边揭露现实；一边编造故事，一边还原真相。玛格丽特的本意是用文字温暖自己，可她总是无法抑制地走向了事物的本质和存在的黑暗中去。

玛格丽特的情感与现实就像堤岸与河流的关系。堤岸不断受到河流的威胁，而河流又总是受到堤岸的压制和拦截。水无意识地来回流动着，但在它的渗透和突破下，堤岸会变得脆弱并最终被瓦解。

她用自己无比强大的情感去抵挡同样强大的现实，用极具穿透力的目光去瓦解蒙尘的世界。她学不会融合，在情感与现实的冲撞中，创作出不朽的作品，迸射着人性的光辉。

寂静的夜晚，玛格丽特总会躺在星空下聆听大自然的倾诉。当山野入眠、万物低吟的时候，她能听到杨树林在"哗哗"作响，能感觉到清风在月光下微微颤动。

夜晚是玛格丽特最钟爱的时间，当一切沉睡，大自然用它独特的方式讲述着世界的神秘，其中蕴含着强大的生命力。就像玛格丽特心中一些难以忘怀、不可磨灭的东西，虽然不常提及，但却滋养着她灵感的源泉，赋予她无穷的力量。

一九三五年底的一个夜晚，玛格丽特正在静谧的星空下冥想，忽然，不远处的天空被火光映红了。她顺着火光望去，天啊，公寓失火了！

玛格丽特跑回公寓抢救财物，人们呼喊着横冲直撞。看着往日挥霍生命的人们在灾难面前对生命的渴望，玛格丽特讽刺地笑了。这时，一只温暖有力的手牵住了她的手向公寓外面跑去。

跑到安全地带，他们停了下来，眼前是一个英俊的男子，即使刚才的奔跑令他有些微喘，但他仍然气度从容，有王子般的高贵优雅。他是与玛格丽特住在同一楼层的邻居——让·拉格罗莱。

玛格丽特与让·拉格罗莱在浓重的黑夜和跳动的火光中相遇，嘈杂的夜晚，两个年轻人难以抵挡心灵的起伏、意识的跳动和梦想的激情。

在火光映射出的奇异光芒中，上帝安排两个年轻人"炽热"地相遇了。

第六章 一些人

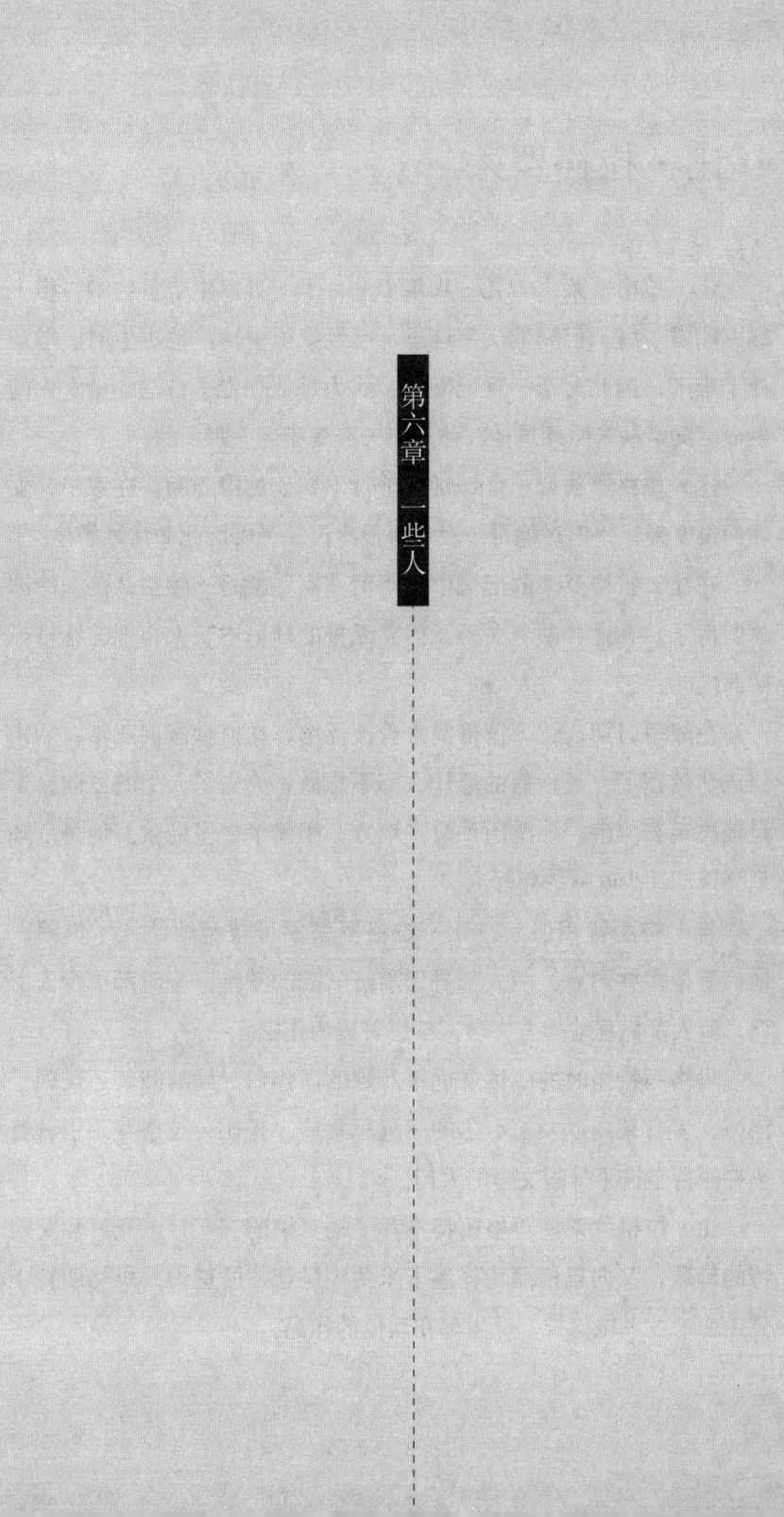

1. 让·拉格罗莱

让·拉格罗莱，一九一八年十一月十一日出生于贝约纳，祖上靠跑船发了财。但到他父亲这里，已经家道中落。他出生时，母亲死于难产，因此父亲一直记恨他，认为是他夺走了自己心爱女人的生命。父亲从未照顾过他，他是由一群聋哑老人带大的。

让·拉格罗莱有一个哥哥，哥哥不如他英俊聪明。在家中，女佣们很宠爱让，但对他哥哥表现得很冷漠，哥哥因此非常嫉妒他。

在让·拉格罗莱的记忆中，所谓"家"就是一幢空荡荡、冷冰冰的房子。在这样缺乏关爱又孤立无援的环境中长大，他的性格孤僻而内向。

在战争时期，让·拉格罗莱曾被俘虏，在监狱服刑三年。后来他成功越狱了，越狱后的他什么都不想做，失去了人生的方向。于是他决定去旅游。他游历了很多地方，积累了很多经验。他是个知识渊博却甚少吹嘘的年轻人。

与玛格丽特相遇后，让·拉格罗莱不可救药地坠入了情网。他们有很多共同点：两人都是巴黎法学院的学生，平时都很少去上课，两人都疯狂地迷恋文学，梦想着成为作家。

玛格丽特当时的阅读量远不及她的同伴们，她的阅读还仅限于洛蒂、多日莱斯以及笛卡尔的《沉思集》。是让·拉格罗莱引领着玛格丽特走进了外国文学的大门。

让·拉格罗莱向玛格丽特推荐了福克纳的《八月之光》和艾略特的诗歌，又向玛格丽特描述了米兰·昆德拉的魅力。玛格丽特十分迷恋米兰·昆德拉，一生都在读他的作品。

让·拉格罗莱的俊美、才华、富有和浪漫深深吸引着玛格丽特，但他的忧郁令玛格丽特无所适从。

他的睡眠很少，常常在睡梦中惊醒，发出悲惨的哀号。他的哀号令玛格丽特感到害怕，但他无法自持，他始终无法走出童年的阴影。

为了不影响玛格丽特，让·拉格罗莱常常整夜不睡。他成夜地下棋消磨时间。有时实在无聊，就把报纸裁成一条一条，然后不停地抽烟，愣愣地看着撕烂的报纸落泪。

让·拉格罗莱内心的痛苦是无法逃避的。他一度以为自己的痛苦是父亲、哥哥造成的，于是他离开家庭寻求解脱。但离开亲人后他又产生了强烈的负罪感，他觉得自己不应该背弃家庭，不应该抛弃需要照顾的父亲和没有生活能力的哥哥。

父亲和哥哥带给让·拉格罗莱的痛苦始终无法消除。让·拉格罗莱的内心充满矛盾，无论身在其中还是逃离出去都无法得到解脱。

他常常出现幻觉，经常想到自杀。他向往自由，但自由亦是痛苦的，只有结束生命才能使苦难走到尽头。

与玛格丽特相恋后，她的魅力既吸引着让·拉格罗莱，也使他深陷痛苦。玛格丽特对政治经济学很感兴趣，课后经常去找教授聊天。据玛格丽特大学时的同学回忆，玛格丽特有那种勾引的癖好，总是有意无意地与人发生暧昧。

让·拉格罗莱是个极度缺乏安全感的人，玛格丽特的处处留情让他非常痛苦。他无法全身心地占有她，但这种求而不得的感觉更令他对玛格丽特欲罢不能。

身边的同学很讶异于玛格丽特如此旺盛的精力。她一边研读政治、经济、高等数学、法律，一边与让·拉格罗莱恋爱、与教授调情，还能抽出时间阅读大量外国文学，甚至经常去波拿巴影院，几乎看遍了那里所有的新片。

在让·拉格罗莱的影响下，玛格丽特的兴趣逐渐从电影转移到了戏剧上。让·拉格罗莱迷恋戏剧，玛格丽特每周至少有两个晚上陪他在剧院度过。

在这段时间，玛格丽特结识了当时刚刚崭露头角的让—路易·巴罗，他的舞台处女作——《在一个母亲周围》给玛格丽特留下了很深的印象。之后玛格丽特一直关注着他的作品，并与其缔结了经久不衰的友谊。正是这种友谊促成了他们之后经典的合作。

当时的大学生享有折价票的优惠，因此玛格丽特把《罗密欧与朱丽叶》看了一遍又一遍。每次散场她都显得失魂落魄，久久不能从剧中的情节抽离出来。也正在这时，玛格丽特产生了创作剧本的想法。

巴黎法学院是个政治敏感度极高的地方，这里的大学生是社会中最热忱的政治分子，所有的实时政治事件都能令气氛紧张起来。当时学院分派情况很严重，思想先进的大学生们已经组织起了反法西斯联盟，经常在一起组织集会活动。

但玛格丽特并没有明确加入某个组织，她并不关心政治，但她心中有关于良心及人性的道德底线。

在集体活动盛行的日子里，玛格丽特为了躲避各帮派对她发出的邀请，她都会离开学校，和好友法郎士躲到圣米歇尔大街的咖啡馆里聊文学。玛格丽特没有参加任何反法西斯组织，虽然她也曾对纳粹分子制造的极端事件表示愤慨。

玛格丽特对政治毫无兴趣，她不想掌控或者操纵什么。她害怕人群，不参加任何集体活动，只想过小资产阶级的生活，想的只是完成学业然后享受生活。

但即使她把大部分精力都放在了感情和生活上，她和让·拉格罗莱的关系还是出现了裂痕。

让·拉格罗莱常常陷入一个人的沮丧中，玛格丽特感觉自己有时已经无限接近他的内心世界了，但她永远无法真正走进去，他们的心永远无法融为一体。

两个人的感情在逐渐退火。玛格丽特曾极力挽留，这是她在任何一段感情中都不曾付出过的努力。但让·拉格罗莱对她还是越来越冷淡。有些报道称让·拉格罗莱有同性恋倾向，这是不是他冷淡玛格丽特的原因之一呢？

玛格丽特曾想尽各种办法试图使让·拉格罗莱重新振奋起来，她甚至建议他吸食少量鸦片。没有资料显示他采取了玛格丽特的建议，对比玛格丽特的疯狂，让·拉格罗莱还是比较有分寸。

总之，尽管玛格丽特努力经营着这段感情，但两人之间的关系还是越来越复杂了。

后来，为了结束这种纠结的痛苦，玛格丽特决定在形式上远离让·拉格罗莱，她搬出了公寓，在保尔·巴路埃尔街二十八号另租了一套房子。

但玛格丽特在情感上仍然牵挂让·拉格罗莱，他们仍是好朋友，还会偶尔聚会聊天。两人之间的关系很微妙，进一步高山流水，退一步云淡风轻，两人很享受这种感觉。

后来，让·拉格罗莱把玛格丽特介绍给了他的挚交好友——乔治·波尚和罗伯特·安泰尔姆。他们三人自中学起就建立了牢不可破的友谊。

三个青年都凭睿智与才华吸引了玛格丽特，玛格丽特的青春激情亦使得三个青年情难自已。很快，玛格丽特成为了他们三个的"女王"。他们一起赛马、饮酒、赌彩、飙车……和他们在一起，玛格丽特可以无节制地狂笑，心无挂碍。

玛格丽特在他们眼中是个疯狂的小姐，活力四射、充满激情。她是个毫无节制的赌徒，在输得身无分文时竟然双倍下注。但这方法很奏效,她的破釜沉舟经常会让她绝处逢生。

他们四个人的友谊持续了很久,用他们自己的话说:"我们经受住了任何考验。生命的考验,死亡的考验。我们相爱,彼此尊重,彼此信任。"

2. 罗伯特·安泰尔姆

罗伯特·安泰尔姆,让·拉格罗莱为数不多的挚交好友之一。

他的父亲曾是贝约纳的副省长,后来因为得罪了当权者,被贬为税务官。母亲是意大利人,来自科西嘉萨尔泰纳大家族。罗伯特有两个姐姐——玛丽·路易斯和阿丽丝。

所有人都认为罗伯特是个出色的人物。他思想深刻、举止优雅、富有而慷慨。他很善良,发自内心的善良,总是在倾听和微笑。不用他说什么,只要有他在身边,就能让人感到安全。

"三人组"中的乔治·波尚曾评价他说:"这个男人是个圣人,世俗化了的圣人,智慧而深刻。"

玛格丽特对罗伯特非常依恋。她强大的内心呼喊的不是"求独立",而是"求肩膀"。在罗伯特身上,她找到了那种安全感。

让·拉格罗莱的忧伤一直折磨着玛格丽特,在他们两人纠结的感情中,罗伯特一直都在。他默默观察着发生在让·拉格罗莱和玛格丽特之间的裂隙,认真听玛格丽特倾诉,真诚地开导让·拉格罗莱。他的存在给予了玛格丽特莫大的精神支持。

罗伯特是玛格丽特心中真正的大哥哥,甚至是父亲。她崇拜罗伯特的智性,迷恋他温暖的笑容。玛格丽特曾经回忆说:"他不会劝你什么,但没有他的意见,我什么也做不了,他本身就代表着智慧。"

罗伯特的温暖安全令玛格丽特深陷其中，不能自拔。她移情别恋了，爱上了自己情人最好的朋友。

起初，玛格丽特不敢表白自己的爱，她仍然牵挂让·拉格罗莱，虽然已经没有爱，但她对他有深厚的友谊和家人般的亲情。她深知他的脆弱，担心这个打击会令他彻底崩溃。

对于玛格丽特的爱恋，罗伯特并没能及时察觉。他一如继往地鼓励开导让·拉格罗莱，然后倾听玛格丽特的倾诉，在精神上支持她。

一天夜里，让·拉格罗莱又在噩梦中发出了可怕的哀号。睡在身边的玛格丽特被忽然惊醒。望着汗流浃背的让·拉格罗莱苍白憔悴的脸，望着他脸颊上清晰可辨的泪痕，玛格丽特彻底绝望了。

她从床上一跃而起，穿好衣服，头也不回地离开了让·拉格罗莱的家。

玛格丽特果决地做出了决定：她要离开让·拉格罗莱，向罗伯特摊牌，她要和罗伯特在一起。

深夜，玛格丽特独自一人来到罗伯特的住所，急促的敲门声将罗伯特吓了一跳。当他打开房门，玛格丽特一下扑进他的怀里，紧紧抱着他，再也抑制不住心中的委屈，在罗伯特温暖的怀抱里，玛格丽特泪如泉涌。

罗伯特不知所措地站在那儿，并没有回应玛格丽特。

他很仁慈，真正的仁慈，发自内心的仁慈。他不愿意因为自己的自私伤害挚交好友，也不愿意因为自己的放纵给玛格丽特带来不好的名声。罗伯特总是说得很少，想得很多。

这一夜，罗伯特没有收留玛格丽特，他温柔但是坚决地将她推开，替她擦干眼泪。当玛格丽特的情绪逐渐平复，罗伯特将她护送回了自己的公寓。

只有玛格丽特一个人的公寓，到处都是冷冰冰的。一切仿佛都存在于另一个世界，与玛格丽特没有任何关系。她的呐喊没有人听得见，她的孤立无援没有人能懂。她本以为找到了一根救命稻草，找到了依靠，可是罗伯特竟没有接受她。

玛格丽特从来没在男人身上输得这么惨。

她把自己反锁在房间里哭泣。她不知哭了多久，哭累了就睡着了。当她醒来时，已经天光大亮。望着窗外明媚的阳光，玛格丽特的羞耻感又涌上了心头。她觉得自己刚做了件见不得光的事，背叛了让·拉格罗莱，又被罗伯特拒绝。想着想着，泪水又流出了眼眶。

就这样，玛格丽特躲在房间里终日以泪洗面。她不愿踏出公寓半步，有朋友来访也不去开门，她不想见任何人，除了罗伯特。然而罗伯特一直没有出现，这令玛格丽特非常伤心。

在故事的另一端，罗伯特的生活也发生了变化。

罗伯特知道自己的拒绝伤害到了玛格丽特，但他不能接受她，他不能背叛自己最好的朋友。玛格丽特和让·拉格罗莱都是他的挚交，无论伤害谁，都会令善良的罗伯特心碎。

罗伯特一连几夜被这件事情折磨着，睿智的他即使总能帮别人解决各种各样的问题，可是这一回，面对玛格丽特和让·拉格罗莱之间的选择，他不知所措了。他整夜整夜地抽烟，眼睛因为睡眠不足而布满血丝，在短短几天之间，罗伯特苍老了许多。

终于，无法承受压力的罗伯特决定选择自杀。他冲到了父亲的办公室，在父亲办公室的抽屉里藏着一把手枪。

好在乔治·波尚知道三个人的事情后，一直游走在他们之间，努力劝解他们。这段日子里，乔治·波尚几乎没有回家，他了解三个人的个性，密切关注着三个人的动静，以防他们做出傻事。

当罗伯特冲出家门，乔治·波尚马上跟了出去。当他赶到罗伯特父亲办公室时,刚巧赶上罗伯特从抽屉里拿出手枪,在给子弹上膛。

乔治·波尚一把夺过手枪,将罗伯特推倒在椅子上。乔治·波尚为罗伯特倒了杯白兰地,等他情绪稳定后,两人坐了下来,事发之后,罗伯特第一次与人进行了深谈。

乔治·波尚非常欣赏罗伯特的牺牲和善良。他觉得玛格丽特与让·拉格罗莱并不相配,鼓励罗伯特和玛格丽特在一起,带她过阳光快乐的生活。

罗伯特对此并没有拒绝,男人有时也是孩子,也会有脆弱的一面,当他犹豫不决时,就需要有人帮他下定决心。而挚交好友乔治·波尚正起到了这个作用。

为了不让让·拉格罗莱伤心,也为了成全罗伯特和玛格丽特的爱情,乔治·波尚将罗伯特和玛格丽特留在了巴黎,自己带着让·拉格罗莱去了别的地方。

感情生活受到重创的让·拉格罗莱已经无法正常面对生活了,他服用了大量镇静药物,这些药物给他的身体带来了极大的副作用,以至于乔治·波尚再见到他时,他整个人都显得呆呆傻傻的。

让·拉格罗莱身体更加瘦弱,脸色更加苍白了。他整个人好像已经枯竭了,只有深邃的眼睛还在汨汨流淌着忧郁的神情。他的目光忧郁而呆滞,深陷在自己的世界里,对外界的一切都没有反应。乔治·波尚很心疼他,带着他在欧洲转了一大圈,努力让他淡忘过去。

玛格丽特与罗伯特的感情,并不像她之前所经历的感情那样激情澎湃。也许因为太过熟识了,他们之间更多的是志同道合的友谊,而非炽热浪漫的爱情。

让·拉格罗莱和乔治·波尚从欧洲回来后,为了不使他触景伤情,罗伯特和玛格丽特没有再与他见面。

罗伯特很仁慈，为了不刺激让·拉格罗莱，他没有与玛格丽特住在一起，而是选择了通信的方式。罗伯特和父母一起住在杜班街，玛格丽特住在保尔-巴路埃尔街，两人共同的好友法郎士充当了他们的情书邮递员。

玛格丽特与罗伯特相处了很长一段时间，虽然在相处过程中他们都有彼此的情人，虽然最后罗伯特疏远了玛格丽特，但他是玛格丽特深爱的男人。玛格丽特在之后的生活中一直没能忘记罗伯特，他是给她带来安全感的、可以让她依靠的男人。

3. 婚礼

在当时的社会背景下，女性开始有了独立意识。她们要求与男人平等的社会地位，有了独立的经济意识和爱情观。玛格丽特就是这些观念解放、经济独立的女性之一。

玛格丽特很少待在知识分子圈子里，也极少参加政治性聚会，她喜欢和聊得来的朋友在蒙帕纳斯的露天咖啡馆里聊天小坐，谈论感情，谈论生活，谈论除了政治以外的一切。

这些朋友有中交心的闺蜜，也有蓝颜知己。在玛格丽特心目中，恋人未必非要成为丈夫，婚姻不过是给父母一个交待，给缺乏安全感的关系一个保障。而那些不需要任何形式上的保障，却能够保持长久关系的爱情，才能经得起考验。

玛格丽特生活很富裕，在朋友的回忆中，玛格丽特有钱，很有钱。玛丽经常给她寄钱，算是对独在异乡的女儿的补偿。她经济独立，不需要依靠男人生活，因此她并不想结婚，只是和罗伯特维持着友谊大过爱情的关系。

此时的玛丽在西贡卡迪纳街买了房子，开办了小有规模的寄宿学校，而不再像从前那样，仅仅是收留朋友的孩子。她雇拥了很多当地政府小官员的妻子做教员。教员们的工作并不累，却有薪水可拿，这使得玛丽在当地政府方面处处开绿灯。

因为得到了政府的支持，玛丽的学校开办得很顺利。她的学校专门在寒暑假时招生，放假在家没人照料的孩子都被送到这里来，学校的生源非常好。

寄宿学校的收益大大改善了一家人的生活条件，外加没有皮埃尔的挥霍，玛丽除了供养三个孩子外，甚至可以积攒一些小的积蓄。

关于未来，玛丽一直在犹豫，她的年龄已经快要退休了，她不确定退休后应该留在印度支那继续开办学校，还是回到巴黎，生活在皮埃尔和玛格丽特身边。

印度支那的政局日益动荡，殖民者的压榨将地狱搬到了人间。越南北部在闹饥荒，灾难波及印度支那，每天都有人死于饥饿和病痛。

殖民地的知识分子们开始联合起来准备反抗，他们动用知识武器开始宣传殖民者的残暴和贪婪，并团结一切可以团结的力量，开始准备武装斗争。

对此，殖民政府采取了安抚的措施。他们提供给这些知识分子优厚的出国深造条件，试图将他们送出国去，以平息国内激烈的反抗情绪。对于坚持留在国内不肯妥协的，殖民政府又成立了自治委员会，由这些知识分子担任官员，进行一定程度上的"自治"。

殖民地的反抗情绪稍有平息，但法国国内的政局也十分复杂。因德国军国主义势力上升，法国国内形成了"主战派"和"和平派"两个派别。大多数知识分子都属于"主战派"，并愤慨于"和平派"的畏惧和退缩。

一九三八年夏末，罗伯特应征入伍了。入伍后，他被编入鲁昂第39步兵团。

罗伯特对服兵役的热情并不是很高，在此期间，他没有参加过任何军事训练，更没有冲上过前线。他只是一名普通的列兵，每天过着吃饱了睡，睡醒了吃的生活。

入伍后不久，罗伯特给好友法郎士写了一封颇为沮丧的信，信中毫不掩饰地流露出了他对军队生活的厌倦，以及对自己才情浪费的无奈。信中，他写道：

> 我的精力和才情将缓缓地流向何方呢？我并不是在为
> 才情被埋没而痛心疾首，而是在为人才的流失深表遗憾。
> 才华在这个世界里得不到施展，我不得不自我封闭起来。
> 我有时感到很痛苦，状若香水般浓烈。憔悴的万物显示着
> 神秘的诱惑。

在部队中，罗伯特体会到了可怕的空虚。他每天的任务就是和同时期入伍的弗朗索瓦·密特朗一起削土豆皮。弗朗索瓦·密特朗后来成为了反法西斯组织的重要领导人之一。他们服兵役期间缔结了深厚的友谊，为罗伯特日后加入反法西斯组织奠定了坚实的基础。

即使作为一名普通的士兵，即使没有冲上前线，罗伯特也明显地感觉到了法国并没有做好战争的准备。他生活在恐惧中，看着深爱的法国如此苍白、胆怯，只要战鼓擂响，法国随时准备成为叛徒。想到这些，罗伯特深感揪心。

战前的法国，政治天空一直是阴沉沉的，即使偶尔晴朗片刻，紧接着迎来的必然是狂风骤雨。

德国威胁着捷克斯洛伐克，要求对其进行瓜分。法国没有反抗，而是与其签署了慕尼黑协议。当法国代表达拉第抵达机场时，等待他的不是嘲讽和辱骂，取而代之的是鲜花和掌声。对于人民的麻木，罗伯特感到痛心和绝望。

罗伯特此时已经彻底放弃了和平主义。他支持捷克斯洛伐克作家联盟关于"唤醒这个世界"的呼吁，对于法国对希特勒的一再让步感到耻辱。他一直密切关注着时局的发展，期待着战争早日爆发。

这时，整个欧洲都弥漫在恐惧中。在德国法西斯的猛烈攻势下，民主主义已经举起双手投降了，人民如何还能憧憬平等和自由呢？欧洲此时已经进入了一个荒蛮的时代。

一九三八年六月九日，从巴黎法学院顺利毕业后，玛格丽特受聘于国际信息资料处，担任殖民部"助理"职务，部长是乔治·芒戴尔。

玛格丽特对这份工作非常投入。在学生时代，玛格丽特无心于政治，但进入殖民部后，她每天要处理大量政治文献，这使得她对时局政治很快有了充分的了解。玛格丽特的学习能力很强，在阅读了大量主题各异的文献后，她很快就能够起草非正式的内部参考文献了。

初露锋芒的玛格丽特很快引起了领导的重视，被赋予了更重要的职责。

一九三八年九月十六日，玛格丽特获得了第一次提升，被任命为法国"香蕉宣传委员会"的助理。不久后，她被调离了"香蕉宣传委员会"来到了"种植委员会"，后来又从"种植委员会"调任到了"茶叶委员会"。

直到一九三九年，玛格丽特终于被调回了国际信息处。此次调任的意义非常重大，玛格丽特的职责也很明确。

一九三九年三月一日，殖民部长乔治·芒戴尔任命菲利普·罗可为国际信息处处长，任命玛格丽特为新闻专员，并命令两人合作起草一本宣扬殖民帝国的伟大和完美的书——《法兰西帝国》。

很明显，玛格丽特的工作能力已经颇受瞩目。她惊人的撰稿速度以及对印度支那详尽的了解，令菲利普·罗可对她的工作能力大为赞赏。玛格丽特没日没夜地写作，然后交给菲利普·罗可修改，这是她的第一本书。

而这段时间，罗伯特·安泰尔姆烦闷到了极点，好在有同宿舍好友弗朗索瓦·密特朗的陪伴，他们可以互相倾诉心事。弗朗索瓦·密特朗的政治思想对罗伯特日后影响很大，他是坚决的反法西斯主义者，罗伯特很欣赏他的智慧和政治敏感。

罗伯特服役的部队距离巴黎并不远，因此他经常在获假时回到巴黎，但他从来都没能及时通知到玛格丽特。

玛格丽特当时和许多杰出的社会精英都保持着暧昧不清的关系，好友法郎士·布鲁奈尔不无讽刺地称之为"荡气回肠的爱情"。

罗伯特返回巴黎后直奔玛格丽特的住所，但玛格丽特不在家。于是他整夜地等她回来，晚上就睡在她房前的门毡上。但他从来没有等到过她。

有一天，罗伯特忽然收到一封电报："要嫁给你。回巴黎。玛格丽特。"收到这封电报，罗伯特惊喜极了，他没有想到日思夜想的玛格丽特会主动向他求婚。于是他立即请了三天假，赶头一班火车返回了巴黎。

玛格丽特在巴黎已经办好了结婚的相关手续，只等罗伯特回来举行婚礼。由于时局动荡，外加时间仓促，他们的婚礼并没有邀请亲朋好友，甚至连乔治·波尚和让·拉格罗莱这样的挚交好友都没有收到他们结婚的通知。

一九三九年九月二十三日，十一点十五分，玛格丽特·多纳迪厄和罗伯特·安泰尔姆在巴黎十五区区政府举行了婚礼。他们的证婚人是费尔南德·菲格里和约瑟夫·安德莱尔——一个英国记者，玛格丽特当时的情人。

这是多么荒谬的事啊！

婚礼第二天，当法郎士匆匆赶回巴黎时，玛格丽特对她谈论起自己的婚礼，就像谈论天气一样平淡。

她为什么要嫁给罗伯特呢？用玛格丽特自己的话来说："因为战争"。她和罗伯特真诚相待，彼此志同道合，而罗伯特那时已经入伍，不能陪在她的身边。为了坚定这种同志般的友谊，玛格丽特需要用婚姻来保护彼此的关系。

而对于罗伯特而言，这场婚姻的意义是截然不同的。对他而言，这是一场爱情的婚姻。当玛格丽特在婚礼上答应嫁给他时，罗伯特感到了巨大的幸福。在他看来，这场婚姻是浪漫的、纯净的、圣洁的。

在婚礼的当天，这对夫妻就分开了，罗伯特不得不乘坐当晚的火车返回部队。这一晚，玛格丽特拒绝了朋友们狂欢的邀请，她送罗伯特去火车站，目送着火车远去，然后乖乖回到了一个人的公寓。

回到部队后，罗伯特又恢复了百无聊赖的日子。他在写给法郎士的信中写道：又是长时间的沉睡，一旦醒来是多么的痛苦和可怕。

在这段日子里，罗伯特读遍了斯汤达的所有作品，完成了《理性的时代》的初稿，并给儒勒·勒纳尔的《日记》加了注释。但即使在这样的日子里，罗伯特也没有放弃战斗的理想，他认为血生来就是为了流的，为自由流血神圣而光荣。

婚后，玛格丽特又投入到了紧张繁忙的工作中。她马不停蹄地起草书稿，终于在一九四零年三月十八日完成了《法兰西帝国》的手稿，并将其寄往伽利玛出版社，并于一九四零年四月二十五日出版，作者署名是菲利普·罗可和玛格丽特·多纳迪厄。

4. 圣伯努瓦街五号

一九四零年九月，罗伯特·安泰尔姆服役结束，回到了巴黎。他通过父亲的关系，进入了巴黎警察署成为了一名助理编辑。在警察署工作期间，他结识了雅克琳娜·拉夫勒尔——抵抗运动的参与者，并通过她的介绍，加入了抵抗法西斯组织。

罗伯特曾冒着生命危险帮助一名警察署搜捕的反法西斯人士登上了飞机，并协助雅克琳娜·拉夫勒尔完成了许多重要行动，为抵抗运动做出了巨大的贡献。

一九四一年二月，罗伯特偶然在圣日耳曼-德普雷街头遇到了雅克·贝奈——服役期间曾与罗伯特睡在同一营房的同志。当时雅克·贝奈正被通缉，他需要一个藏身之处。了解到情况后，罗伯特毫不犹豫地将他带回了他和玛格丽特的家——圣伯努瓦街五号。

圣伯努瓦街五号是玛格丽特在酒吧喝酒时，偶然从一位夫人手里买到的，这位夫人正是伽利玛审稿委员会成员——作家贝蒂·费尔南德兹。

这是一套小资产阶级的房子，宽敞明亮，地点很好，位于圣日耳曼—德普雷中心，而且价钱公道。玛格丽特与罗伯特商量后，两人很快决定买下这套房子，这套房子后来成为了杜拉斯博物馆。

圣伯努瓦街五号成为了志同道合的年轻人们的聚会场所。

玛格丽特和罗伯特把朋友们聚集起来，在这里谈论政治、制订行动计划，也讨论文学和爱情。乔治·波尚和法郎士·布鲁奈尔是这里的常客，雅克·贝奈也会偶尔上来喝一杯。朋友们经常会不请自到，有旧时的同事，也有曾经巴黎法学院的老同学。

圣伯努瓦街五号成了这些进步青年的永久论坛，这里是抵抗组织成员的避难所，也是法国知识分子的精神共体之家。

后来，玛格丽特在这里结识了拉蒙·费尔南德兹——贝蒂·费尔南德兹的丈夫。她对这位教养良好、极富魅力的成熟男性充满好感。拉蒙·费尔南德兹年纪已经不轻了，但他热爱赛车，喜爱巴尔扎克。玛格丽特欣赏他精致的礼貌和艺术家的冒险精神。

第二年，玛格丽特凭借着拉蒙·费尔南德兹的介绍，在书籍组织委员会找到了一份工作，主要负责出版证的发放。与此同时，玛格丽特开始着手准备第一部小说《塔纳兰一家》的出版。

玛格丽特将小说手稿寄给了伽利玛，但伽利玛并没有给予任何答复。在漫长的等待中，玛格丽特对自己的写作才能失去了信心，但好友皮埃尔·拉夫一直支持着她，鼓励她一直写下去。

对于玛格丽特的写作才能，罗伯特也非常欣赏，但他并不粉饰她的缺点。罗伯特对玛格丽特的作品提出了很多意见，玛格丽特很听他的话，都予以了认真修改。

之后，罗伯特决定亲自去一趟伽利玛，为玛格丽特的作品求情。但是，这本小说还是被无情地拒稿了。

当时罗伯特去见了负责小说出版发行的戈诺。他认真阅读了《塔纳兰一家》后承认玛格丽特的确有写作天赋，但小说的结构过于散乱，作者没有能够很好地驾驭主题，且受美国文学影响太深，因此决定不予出版。

之后，玛格丽特又带着手搞去了好几家出版社，都遭到了拒绝，直到两年后，布隆出版社才决定发表这部小说，并更改题目为《厚颜无耻的人》。

一九四一年秋末，玛格丽特发现自己怀孕了。罗伯特起初不同意要这个孩子，但玛格丽特反复向乔治·波尚以及雅克·贝奈强调她对这个孩子的强烈渴望。终于，在好友的帮助下，玛格丽特成功说服了罗伯特留下这个孩子。

孕育这个孩子的过程中，玛格丽特吃了许多苦。她的妊娠反应非常强烈，经常感到疲惫、恶心和心慌。不仅如此，玛格丽特似乎在这个时候患上了妊娠恐惧症。

在罗伯特的回忆中，玛格丽特这个时期对他非常依赖。她寸步不离地跟着他，生怕他离开她。玛格丽特被自己与日俱增的恐惧折磨着，只要一刻见不到罗伯特，她仿佛都没有办法活下去。

玛格丽特为什么会如此不安呢？难道她对罗伯特的外遇产生了预感吗？

的确，在玛格丽特怀孕期间，罗伯特爱上了另一个年轻的女人——安娜·玛丽。但他并没有忽略对玛格丽特的照顾，仍然每天陪着她，对她关爱有加。在法郎士的回忆中，此时的罗伯特对玛格丽特表现出了天使般的耐心，他对玛格丽特的爱看上去完美无瑕。

玛格丽特的预产期到了，她在一家设施简陋的教会诊所进行了生产。分娩过程很漫长，足足进行了十二个小时，嬷嬷们很不专业，玛格丽特为此承受了很大的痛苦。

终于，玛格丽特的孩子出生了，但婴儿的情况很糟糕，出生后不久就夭折了。

得知这个消息后，玛格丽特陷入了巨大的痛苦。她的世界变得一片黑暗，她陷入了深深的罪恶感和自责中。

她痛恨自己，痛恨自己竟然害死了自己的孩子！

在她体内的时候，这个小生命还是活着的，可当他离开她的时候，他就死亡了。他的生和死是同步的，玛格丽特竟然没能给他生的机会，她竟然不能创造生命！

一个不能创造生命的女人，还能称之为女人吗？在玛格丽特眼中，不能成为母亲的女人不能算是一个真正的女人。这种女人是沮丧的、哀愁的，她的生命不能得到延续，只能眼睁睁看着自己生活的终结，一点意义也没有。

这个孩子的死，折磨了玛格丽特一生，在她的作品中，这个孩子也以各种各样的形式存在着。

玛格丽特被孩子的死亡纠缠着，她一连几个月无法入眠，只能靠大把大把的安眠药麻痹自己。后来，为了给孩子的死一个合理的解释，玛格丽特将一切责任归咎到了战争和恶劣的医疗条件上。

那些貌似和善的嬷嬷，在玛格丽特心目中简直可恶到了极点。痛失爱子的她，不仅没有得到嬷嬷们的安慰和保护，反而受到了惩罚和鄙夷，好像这一切都是玛格丽特的错。

起初，为了安抚玛格丽特的痛苦，嬷嬷们会说一些套话，例如：死去的婴儿会变成天使，飞上天堂。但玛格丽特无法接受她们的安慰，是她们一手夺走了婴儿的生命，还要假借上帝之名。玛格丽特对此感到痛心不已。

后来，当玛格丽特知道死去的婴儿都要被烧掉，都要随烈焰化作轻烟时，她对嬷嬷们的态度顿时变得野蛮粗暴起来。玛格丽特的粗暴没有给她的处境带来任何改善，相反嬷嬷们开始对她进行报复了。

在教会诊所里，每天发给产妇两个橘子补充营养。有一天，嬷嬷们将橘子发给了她，又很快地收回了。当被问及原因时，嬷嬷们答道："橘子是给妈妈们的，是给生了孩子要喂奶的妈妈们的，可不是随便什么人都可以得到的。"

这个回答使玛格丽特心痛不已。从此，她再也没能摆脱孩子死亡的折磨。婴儿的死亡纠缠了玛格丽特整个人生。

第七章 战争开始

1. 迪奥尼斯·马斯科罗

一九四一年五月，罗伯特·安泰尔姆调离了警察署，以信息资料处专员的身份进入了工业部办公室。工业部的部长是皮埃尔·普舍，毕业于巴黎一所高等师范学校，颇具社交手腕，服过兵役。他对罗伯特非常信任，很快罗伯特就成了皮埃尔·普舍身边的红人。

后来，皮埃尔·普舍调任到内务部任部长，罗伯特也被调了过去，担任皮埃尔·普舍的秘书。之后又作为契约专员就任于信息部，担任编辑一职。

一九四二年七月，玛格丽特调进了书籍组织委员会，在出版验证检查分配处做秘书。

在当时的社会背景下，玛格丽特的职务就意味着附敌。此时巴黎文坛已经完全没有言论自由，所有出版物必须经过严格审核，在被确定没有"反动"言论后，方可出版。

因为德国政府对出版物的严格控制，各出版社的生存都面临着巨大的困难。在生死存亡关头，很多出版商都选择了"暧昧"的行为准则。他们的目的是继续出书，至于采用什么手段，已经不重要了。出版商们为了图书可以顺利出版，为了将出版社支撑下去，哪怕付出与德国人和解的代价也在所不惜。

出版商在巨大的生存压力下，纷纷遵照法国出版总工会主席的指示，与德国政府签订了《出版物审查合约》。

合约中写道："出版商应当让法国思想得以继续发挥影响，同时也要尊重征服者的权力。"这份合约要求出版商禁止出版任何带有反德内容的图书，若发现可疑内容，必须交由德国政府审查。

鼎鼎大名的"奥托书单"就是在这个时期列出的。在这份书单上，布鲁姆、弗洛伊德、尼采、凯斯特勒等人的作品都被列为了禁书。他们的作品被德军用军用汽车拉到中心广场，集中销毁。

玛格丽特所在的书籍组织委员会，此时主要负责为不同出版商发放出版证。这个职务至关重要，官方说法是："书籍组织委员会需要在对出版社的库存数量负责的同时，还要对图书质量进行把关。"这就意味着：这个组织掌握着出版商的生杀大权。

随着德国政府对法国文化领域染指的日益加深，图书出版的手续变得越发严格和繁琐。因此，出版商的出版量大幅下降，他们考虑的已经不再是能否出版好书，而是能否继续出版图书。

一九四二年三月七日，出版工会主席在"致出版界全体同仁公告"中写道："被德国宣传部长阿部泰朗认定不守纪律的人，将被永远剥夺出版证的许可资格。"因此，玛格丽特所在组织的附敌程度不言而喻。

这个组织直接受德国宣传部领导，所发放的所有出版证必须列成清单由德国宣传部审查。这种图书出版制度一直延续到巴黎彻底解放。

玛格丽特在这个组织中地位颇高，扮演着非常重要的角色。她负责一个由四十人组成的阅读小组，组内成员的主要职责是阅读出版物，然后将审读意见填好后交由玛格丽特审查。

虽然这个组织附敌倾向严重，但玛格丽特在自己的能力范围内，还是给予了有进步思想的青年极大支持。

据克洛德·罗伊，一名想要在于里亚尔出版社出版诗集的作家回忆：当他第一次在书籍组织委员会看到玛格丽特时，便被她的活力深深吸引了。在他的印象中，玛格丽特是个善良、活泼、亲切的小个子女人，看起来总是精力充沛、干劲十足。

玛格丽特问罗伊的诗集是关于什么的，"爱情"，他回答道。

玛格丽特毫不犹豫地告诉他："您的诗集会得到出版许可的。"

由于玛格丽特对有进步思想作家的保护，她的团队做出出版决定的速度相对较慢。德国政府听到了许多亲德文学爱好者的抱怨。因此，德国政府公开批评玛格丽特所在委员会缺乏诚意，指责玛格丽特及其团队是"观望主义"小宗派，甚至怀疑他们是潜藏着的"戴高乐分子"。

也许，德国宣传委员会已经从玛格丽特的行为中发现了端倪，为了限制玛格丽特对法国文学青年的保护，德国宣传委员会发放的出版许可证越来越少了。

在将近一年的时间里，玛格丽特都在从事出版物的审查工作。她在极力帮助法国文学青年出版作品，但她所在的组织必须听从德国宣传委员会的指挥，这常常使玛格丽特感到力不从心。德方派出代表出席书籍组织委员会的所有例会，玛格丽特不得不绞尽脑汁与其周旋。

就在玛格丽特被自己边缘性的工作折磨得筋疲力竭、力不从心时，迪奥尼斯·马斯科罗——她生命中另一个重要的男人出现了。

当时，由于能够达到出版要求的书籍少之又少，德文化部对玛格丽特的出版效率极为不满。因此，玛格丽特紧急招募了大量阅读专员，他们的工作是阅读大量拟出版物，并用最简练的语言将阅读意见反馈给玛格丽特。迪奥尼斯·马斯科罗正是这份工作的应征者之一。

迪奥尼斯·马斯科罗英俊优雅，礼貌的目光中写满拒绝和叛逆。玛格丽特觉得他"英俊，很英俊，像上帝一样英俊"。玛格丽特对一切"英俊"的事物有着浓厚的兴趣，对眼前这个推却的男人更是一见钟情。

她毫不掩饰自己对迪奥尼斯的欲望。

当他站在她面前时，她目不转睛地盯着他看，体内燃烧着欲望的焦灼。而迪奥尼斯的推却拦住了她的欲望，她很想征服他，必须征服他。

在迪奥尼斯眼中，玛格丽特活泼、风趣、很可爱。她在爱情面前从来都是个轻佻的少女，虽然有时风情万种，但难以掩饰被爱的欲望和面对爱情幼稚的单纯。她总是很固执，听不得任何异己意见，但又时常不自信，总是逼着迪奥尼斯对她说"我爱你"，当然，迪奥尼斯几乎从来不这么说。

和迪奥尼斯在一起时，玛格丽特陶醉在了爱情捉摸不定的神秘中。他们都是叛逆的人，不喜欢按规定做事，讨厌被要求。都有一些小姿态和一系列的情人。他们有各自的生活和共同的文学爱好，而且对时政的看法两人有着十分的默契。

他们经常在旅馆中度过一个个夏日慵懒下午，谈天说地、无话不谈。只是迪奥尼斯从来不对她说"我爱你"。

初识迪奥尼斯时，玛格丽特并不打算让他知道罗伯特的存在。玛格丽特与男人的感情总是游离于友谊和亲情之间。她与他们做爱，但并不等于两人之间只有单纯的爱情。在大多数情况下，玛格丽特的爱源于友谊和被关爱。就像看待与罗伯特的感情一样，她将他们的婚姻归结为盖了印章的友谊。

两人在一起六个月后，玛格丽特才向迪奥尼斯坦白与罗伯特的婚姻，之后又陆续向他坦白了自己的其他情人。在这件事上，迪奥尼斯表现得十分宽容。他很能理解玛格丽特心中对不同类型爱情的需要，甚至也向她坦白了自己的其他女友，他认为身体和心理双重层面的赤裸坦诚正是自己与杜拉斯关系的美妙所在。

不过，上帝在男人和女人的默契前埋下了永远的距离，因此男人和女人对待爱情的方式永远不可能完全相同，即使是迪奥尼斯和玛格丽特·杜拉斯。

与迪奥尼斯交往不久后，玛格丽特便逐渐疏远了其他情人，在她心中无法同时并存几份激烈的感情，只一个迪奥尼斯就足以令她神魂颠倒、意乱情迷。她每天都渴望迪奥尼斯能说一句"我爱你"，只一句甜蜜的情话便足以支撑她一天的快乐激情。

难道玛格丽特身边没有男人不吝惜对她说一句"我爱你"吗？为什么她放着双手奉上的爱情不要，却独恋迪奥尼斯这杯苦酒呢？

在玛格丽特眼中，迪奥尼斯与从前任何男人都不一样，包括罗伯特·安泰尔姆。她认为自己与迪奥尼斯之间有着某种特殊意义的关联，以至于虽然两人永远在争吵，但却存在着不断更新的欲望。

终于，玛格丽特还是决定介绍迪奥尼斯和罗伯特认识，日后她却发现这是她给自己种下的又一颗苦果。

罗伯特与迪奥尼斯一见如故，彼此欣赏、互相尊重、交谈甚欢。罗伯特那种圣洁的简单，完全的本色非常吸引迪奥尼斯，两人经常彻夜长谈，并逐渐开始互相爱慕。

逐渐在三个人的关系中，玛格丽特似乎演变成了无足轻重、可有可无的角色。但这段感情并不仅仅涉及三个人，这其实是一系列错综复杂的关系。

表面看来，罗伯特与玛格丽特是一对恩爱的夫妻，而迪奥尼斯和安娜·玛丽是这对夫妻的挚交好友，也是圣伯努瓦街的常客。但实际上，罗伯特深爱着安娜·玛丽，虽然他也爱玛格丽特，但玛格丽特并不能将他的心填满，他一直保持着与安娜·玛丽的关系。

罗伯特爱安娜·玛丽也爱玛格丽特，玛格丽特爱罗伯特也爱迪奥尼斯，迪奥尼斯爱玛格丽特也爱罗伯特，只有安娜·玛丽的情感简单一些，但他们四个除了彼此外，也都有着各自的情人。

迪奥尼斯·马斯科罗和安娜·玛丽经常去看安泰尔姆夫妇，但他们从不在圣伯努瓦街过夜。实际上，虽然举止暧昧，但罗伯特不知道玛格丽特和圣伯努瓦街之间的关系。

一九四二年夏天，罗伯特决定带玛格丽特去度假。他们选择了玛格丽特父亲的家乡——位于洛特·加龙地区的杜拉斯镇。

杜拉斯镇是白酒的故乡，这里盛产葡萄、烟草和李子。玛格丽特的父亲在这儿拥有大片的土地，尽管如今这些土地没有一寸属于她。杜拉斯镇是个安静的小镇，远离喧嚣，这里的风景有种能够抚平心中伤痛的宁静的和谐。玛格丽特的父亲就出生在这里，去世后仍然葬在这里，生命只是兜了个圈，最终还是回到了起点。

来到杜拉斯镇不久后，对迪奥尼斯的思念便潮水般向玛格丽特涌来。她对杜拉斯镇的景致失去了兴趣，沉浸在思念当中，所有的繁茂都化成了欲望，所有静谧都化成了孤独。

与迪奥尼斯的数日分离将玛格丽特折磨得痛苦不堪。她瞒着罗伯特给对迪奥尼斯一封接一封地写信，但迪奥尼斯并没有作出任何回应。于是她把信写得更加卑微，希望以此打动迪奥尼斯的心。但迪奥尼斯仍然没有任何回信，玛格丽特每天都沉浸在期待、失望、思念和痛苦中。

备受折磨的玛格丽特于是将不满和怨愤转移到罗伯特身上。玛格丽特总是处在愤怒之中。尽管罗竭力改变自己来顺应她，但她仍然对他充满敌意。

在一个暴风雨的夜晚，玛格丽特对迪奥尼斯的思念达到了高潮。

玛格丽特再也无法抑制对迪奥尼斯的思念，甚至想要对罗伯特倾诉自己的欲望，但她不能。于是她疯了似的夺门而出，冲进了狂风暴雨中。玛格丽特冲进雨夜，冲进浓得化不开的黑，她无方向无目的地奔跑，奔跑的本身只是为了奔跑。

她跑过小路，蹚过河流，穿过一片片的茂密树木，忽然，当她穿过一片田野时，一道闪电击中了她！

电流流过她的身体导入地下，酥麻感瞬间流遍玛格丽特全身，阻断了她与外界的所有关联……

与死神的擦肩而过，使玛格丽特陷入了一种病态的情绪中，不能自拔。

苏醒后，对生命的渴望以一种特殊的方式折磨着玛格丽特。她想到了那个出生夭折的孩子，想到了生命的脆弱、不可期，于是她向马斯科罗提出想要个孩子。

回到巴黎，玛格丽特比从前更加疯狂地、神经质似地要求迪奥尼斯说爱她，但他却说不出口。迪奥尼斯承认玛格丽特对自己确实有诱惑，作为情人的玛格丽特完美而融洽。但马斯科罗完全没有想过和她有个结果，也未规划过两人共同的未来，他从未想过要做玛格丽特孩子的父亲。

2. 抵抗组织

弗朗索瓦·密特朗，后来的法兰西共和国总统，在法西斯占领期间曾为维希政府工作过一段时间。1943年1月，弗朗索瓦·密特朗与其在维希政府监狱的高级专员朋友们一起辞职，并联系了在天主教会寄宿学校的老同学雅克·贝奈，一群向往自由的青年们从此开始了抵抗运动的规划。

一九四三年六月，雅克·贝奈拜访了老朋友罗伯特·安泰尔姆，安泰尔姆夫妇非常热情地接待了他，并申请加入抵抗组织。自此，圣伯努瓦街五号成了抵抗组织成员的家。

安泰尔姆夫妇表现得非常积极，他们不仅贡献出房子，玛格丽特还自告奋勇充当起信使的角色。她向抵抗组织大力推荐了拉蒙·费尔南德兹夫妇，对组织力量的逐渐壮大功不可没。

抵抗组织的成员各司其职，相处非常融洽。玛格丽特负责传递消息，联络各小组成员，组织成员见面，虽然每天要走很多路办很多事情，常常整天顾不上吃饭，但她心中却非常满足。在抵抗组织的大家庭中，玛格丽特感觉到了自己的存在价值，每天快乐而充实。

安泰尔姆夫妇帮助招募新成员，包括罗伯特的姐姐玛丽·路易斯和迪奥尼斯·马斯科罗在内的新成员的加入，都是罗伯特和玛格丽特介绍的。安泰尔姆夫妇妥善安置成员们的吃住和生活，整个巴黎都有他们的人。

组织成员经常在剧院、酒馆聚会，他们生活在一起，彼此分享、彼此交流，年轻人的讨论总是积极而热烈。玛格丽特的工作得到了大家的充分认可，被弗朗索瓦·密特朗评价为勇敢而谨慎、活泼、决断、充满激情的年轻女人。

一九四三年七月，弗朗索瓦·密特朗经过几个月的精心策划，抵抗组织成员打响了抵抗运动的第一枪。此次运动虽未取得很大成功，但却造成了很大影响，引起了社会各界的高度关注。同年十月，抵抗组织秘密成立了《自由人》日报并偷偷发行。此举遭到了盖世太保的严密监视。

一九四四年二月末，弗朗索瓦·密特朗又组织了"全国战俘及被放逐者运动"，运动并不顺利，一些小组的骨干力量被捕，抵抗组织损失十分惨重。

可抵抗组织的噩运远远没有结束，一九四四年四月起，抵抗组织的核心成员遭到了告密、背叛等内反行为的严重迫害。法奸保卫队和盖世太保对许多活跃的抵抗小组进行了围剿。

一九四四年六月一日是个黑色的日子，玛格丽特和罗伯特永远忘不了这一天。

一早，罗伯特接到上级指示要他立即赶往某指定地点与内部成员接头。当罗伯特按照指定时间到达联络点时，抵抗组织内奸却已将圈套布好，静静等候，只等他落入其中了。

此次迫害对抵抗组织造成了极为严重的损失。很多骨干成员被捕，几乎全部组织活动因为缺少联络人而被迫中止。被捕的骨干成员中包括罗伯特和他的姐姐——玛丽·路易斯。后来，玛丽·路易斯被放逐到拉文思布卢克集中营，并永远留在了那里。这成了罗伯特心中永远的痛。

3. 营救

为了打听罗伯特的关押地点，玛格丽特到盖世太保办公室等了一天一夜，但没有获得任何消息。于是她又跑到火车站打探消息。传闻罗伯特极有可能被送往弗莱斯恩监狱，于是玛格丽特与许多被捕成员家属立即赶往弗莱斯恩监狱。但玛格丽特还是去晚了，当她赶到时，罗伯特已经被转移了。

玛格丽特没能见到罗伯特，甚至连给他的包裹也没能送给他。于是玛格丽特联系罗伯特从前的同事，现任信息部秘书，想获得一张送包裹的许可证。秘书让她去索塞街的德国警署办公室，被捕人员相关事宜是由他们处理的。

玛格丽特马不停蹄地赶往德国警署办公室，但负责人不在，她只好在办公室外面等。可是等了四天三夜，也未能获得许可证，而她的通行证已经过期了。正当绝望之时，玛格丽特在警署走廊里遇见了查尔斯·戴瓦尔，盖世太保的秘密警察，正是他亲手逮捕了罗伯特，并对他进行了第一场审讯。

遇到查尔斯·戴瓦尔时，玛格丽特脸色苍白，衣服已经全部湿透了，站在走廊里摇摇晃晃，几欲晕倒。

查尔斯·戴瓦尔对玛格丽特进行了例行盘查，但她咬死说自己对丈夫的行为一无所知，自己只是个写书的。玛格丽特那时没有用"作家"这个词，那时她还不那么自恋。戴瓦尔搜查圣伯努瓦街时拿走了一本玛格丽特已出版的书，于是他奉承她，表达了自己的崇拜。其实戴瓦尔不过想结交知识分子增添自己的面子，而玛格丽特想要通过他得到丈夫消息的计划却远没有这么简单。

回到圣伯努瓦街，弗朗索瓦·密特朗出于安全考虑停止了玛格丽特的一切活动。罗伯特被捕后，玛格丽特处在了崩溃的边缘。她一连几天不吃不睡，深陷恐惧之中，面容憔悴，双手总是因为恐惧而不停颤抖，像雨中羸弱的蝶。

这段时间迪奥尼斯一直陪在玛格丽特身边，寸步不离。每天晚上，玛格丽特都在迪奥尼斯的陪同下到火车站台去找押送囚犯的车子，希望可以找到罗伯特。

罗伯特被捕后，盖世太保没有再来圣伯努瓦街搜查。三个星期后，弗朗索瓦·密特朗在玛格丽特的一再要求下，恢复了她抵抗组织联系人的工作。造化弄人，命运成心要捉弄这个已经陷入深深恐惧中的女人。在一次玛格丽特安排两位组织成员见面时，她竟然偶遇了查尔斯·戴瓦尔！完全是偶遇。

说不清是谁先发动了这场邪恶的游戏，总之戴瓦尔与玛格丽特之间的猫鼠游戏就此展开了。玛格丽特知道罗伯特在法国领土的日子屈指可数，戴瓦尔因此成了她心中的救世主。玛格丽特并不确定他是不是真的掌握了关于罗伯特的确切消息，但他说他能，最关键的是她愿意相信他能。

于是玛格丽特成了诱饵。在决定与戴瓦尔继续见面前，玛格丽特先向弗朗索瓦·密特朗征询了意见，这并不是她的处事风格，但对这件事，她非常谨慎。玛格丽特的演技可谓一流，戴瓦尔没有对玛格丽特产生丝毫怀疑，他只把她当成一个美丽的女人，想的只是和一个漂亮的知识分子的风流韵事。

玛格丽特和戴瓦尔每周至少见两次面，在战期的紧张局面下，这样的见面次数是相当危险的，虽然每次见面都是在组织成员的暗中保护下进行的。

频繁的接触中，玛格丽特并非一无所获，戴瓦尔向她透露了罗伯特将被送往贡皮埃涅。于是玛格丽特在八月十七的在火车站台上见到了囚车里的罗伯特。

押运囚犯的火车驶离车站，玛格丽特和其他囚犯的家属一起追着火车跑，拼命挥手，但车上站满了全副武装的士兵，玛格丽特根本无法将包裹递给罗伯特。

此次见面加强了玛格丽特对戴瓦尔的信任，她央求戴瓦尔帮忙将包裹送给罗伯特。戴瓦尔向她提供了一个监狱中心秘书的名字，作为回报，玛格丽特送了他一枚黄金戒指，虽然玛格丽特从来没有见到那个女秘书，也根本没能将包裹送给罗伯特。

组织成员对戴瓦尔越来越怀疑，他们提醒玛格丽特要对其加强戒备，而玛格丽特似乎已经陷入了这场猫鼠游戏。

戴瓦尔貌似爱上了玛格丽特。他们一起吃烛光晚餐，戴瓦尔总喝很多酒，两人像恩爱的情侣般。但戴瓦尔再没有向玛格丽特透露过任何关于罗伯特或者玛丽·路易斯或其他组织成员的消息。玛格丽特也逐渐对戴瓦尔的能力产生了怀疑。她几次想与其彻底断绝关系，但都没能成功。

组织成员察觉到了玛格丽特的异常，于是要求她给弗朗索瓦·密特朗写一封信，信中要以名义保证"只要确定罗伯特和玛丽·路易斯不在戴瓦尔手上，就立即配合行动组在自由法国部队到来之前将戴瓦尔结果掉"。玛格丽特很清楚自己在玩火，所以对组织的决定非常配合，毫无保留地交待了所有从戴瓦尔口中得到的消息。

戴瓦尔希望从玛格丽特那儿得到更多。

在一次见面中,戴瓦尔拿出一叠照片,挑出一张,让玛格丽特辩认。这张照片正是弗朗索瓦·密特朗!他向玛格丽特保证,只要辩认出照片中的人物,罗伯特当晚就会被释放。

玛格丽特看到戴瓦尔的手因希望而不住颤抖,她的心也在狂跳。但玛格丽特此时感到的不是恐惧而是愤怒。她很坚决地告诉戴瓦尔:"即使我知道这人是谁,我也不会告诉您他的行踪,这简直是最令人不齿的行为!"

见面结束后,玛格丽特以最快的速度将这个消息通过迪奥尼斯转告给了弗朗索瓦·密特朗。弗朗索瓦·密特朗立即召开紧急会议,决定尽快把戴瓦尔干掉。迪奥尼斯自荐由他来执行暗杀任务,但在策划暗杀后的脱身计划时遇到了大麻烦。

戴瓦尔是不是对玛格丽特有所警觉了呢?约会的时间地点从来都由他来定,而且经常变来变去,总是在约会前十几分钟通知玛格丽特,组织成员几乎没有时间准备。而且他选定的地点都是没有出口的死胡同,干掉他后,迪奥尼斯根本无法脱身。

无奈之下,组织成员只好选在圣伯努瓦街干掉他,宁可以暴露玛格丽特身份为代价。但即便如此,计划也没能实施。玛格丽特用尽媚惑,几次三番邀请戴瓦尔上楼,可他始终没有落入圈套。

4. 最后的审判

盟军登陆后,政治气氛越来越紧张了。六月二十日,组织成员皮埃尔·古尔萨勒在维希遭到逮捕,受尽酷刑。形势危急,无奈之下弗朗索瓦·密特朗只好离开了巴黎。

弗朗索瓦·密特朗撤离后，玛格丽特的精神全线崩溃。

盟军的登陆意味着法西斯分子会以最快的速度将囚犯押运到集中营，或者就地枪决。想到这些，玛格丽特对戴瓦尔除了恨再没有其他情感了！时间越紧迫，解决掉戴瓦尔的欲望就越强烈，而此时全国大部分的抵抗战线都遭到了严重破坏，处于瓦解的边缘。

心中的焦急与仇恨使得玛格丽特再也不怕、不顾及戴瓦尔了，暗杀戴瓦尔的行动必须立即执行。行动地点最终选在了圣日耳曼大街，她催促小组成员赶快动手。

与戴瓦尔的最后一次约会是在圣乔治街和洛莱特圣母院街交会路口的一家黑市饭店里，这里全是盖世太保的警察，戴瓦尔是这里的常客。玛格丽特在敌人中间，感到的不是害怕而是羞愧。

暗杀行动这天，天气格外晴朗，迪奥尼斯和一个名叫尼古拉的十八岁姑娘负责暗杀行动，玛格丽特能感觉到他们的焦躁不安。迪奥尼斯和尼古拉坐在玛格丽特和戴瓦尔的对面，迪奥尼斯向小提琴手点了首玛格丽特喜欢的曲子，爱情和死亡的游戏，肉欲和暴力的吻合，玛格丽特因等待而兴奋。

听着浪漫的旋律，注视着戴瓦尔，玛格丽特笑靥如花。她知道这个男人的生命即将在他完全不知情的情况下戛然而止，她在嘲讽他的愚蠢。

玛格丽特一杯接一杯地喝酒，她兴奋地期待着下一秒这个男人脑袋开花，脑浆四溅的场景。一杯接一杯地喝，不知不觉玛格丽特已经喝下太多了。她醉了，意识在逐渐消失，她感觉只要再多喝一点点，她就会告诉戴瓦尔他即将被人干掉。

可是，迪奥尼斯没有动手，直到戴瓦尔挽着醉醺醺的玛格丽特离开饭店，仍然什么都没有发生。玛格丽特不知道迪奥尼斯为什么留下了这个男人，她又笑了。

走出餐厅，戴瓦尔邀请她去他的小套房坐坐，她拒绝了，戴瓦尔并没有坚持，一切就和平常的见面一样，但这确实是她最后一次与戴瓦尔单独见面了。再见面时，戴瓦尔已经站在了被告席上。

第二天，迪奥尼斯·马斯科罗和其他抵抗组织成员一起，与法西斯分子进行了武装混战。抵抗组织与法国国内武装部队成功会师，并艰难攻下了巴黎的几个战略要点，其中包括一个报社印刷厂。行动负责人帕德里斯·拜拉任命迪奥尼斯·马斯科罗为行动小组报纸《自由人》的总编，迪奥尼斯·马斯科罗请弗朗索瓦·密特朗写了第一期的社论。

三天后，整个巴黎沸腾了！巴黎的每个街区、每条街道都充斥着战斗的激情。法国人民揭竿而起，游行在激战中进行！索邦大学竖起了法兰西共和国的旗帜，学生们高声叫喊，要求着生存的权力。鲜花和流弹在空中交织，但没有人畏惧。

玛格丽特和学生们一起在街上游行，时时遇到街角的交火，到处都是枪声，不知是德国人还是法国人。街道到处都是血流成河的场景，年轻人燃烧着极为强烈的渴望复仇的情绪，舔着嘴唇上的鲜血，恨不得立即把侵略者全部杀光，疯狂极了！玛格丽特十分享受这种战斗的激情，为了让俘虏开口，她主张动用刑罚，以暴制暴，仿佛能从敌人的叫声中得到无尽的快感！

暗杀戴瓦尔的计划并没有停止，抵抗组织重新制定计划，试图在他雷诺德街的住处对他施行逮捕。但组织内部再次出现了内奸，行动计划再次泄露了出去。当行动队赶到戴瓦尔住处时，他早已不知所踪了。

后来，有情报称戴瓦尔潜逃到了德朗西。得到消息后，迪奥尼斯立即实施逮捕，并于当天与密特朗一起对戴瓦尔进行了审讯。

审讯中弗朗索瓦·密特朗惊奇地发现戴瓦尔的重要性远远超乎他之前的想象。戴瓦尔对抵抗组织内奸的名单了如指掌，并掌握了许多行动的真相。戴瓦尔的城府很深，迪奥尼斯和密特朗极力搜寻他的犯罪证据,却一无所获。于是迪奥尼斯去了雷诺德街戴瓦尔的家。

在雷诺德街,迪奥尼斯遇到了戴瓦尔的妻子——波莱特·戴瓦尔。他对她很礼貌,并安排她与丈夫见面。

第二天,迪奥尼斯和密特朗一起对波莱特·戴瓦尔进行了审讯。两个男人都对她很和善,她也非常配合,把自己知道的一切都告诉了他们。迪奥尼斯和密特朗看出波莱特·戴瓦尔很爱她的丈夫,虽然知道丈夫是个附敌者,但对所谓"盖世太保秘密警察"的身份却全然不知。

玛格丽特对审讯结果很不满意,要求对波莱特·戴瓦尔进行单独审讯。玛格丽特将波莱特·戴瓦尔的眼睛蒙上,将她带回到了黎世留街。

单独审讯进行了很长很长时间,玛格丽特对波莱特·戴瓦尔充满恶意,"你看上去挺可爱,算得上是漂亮,这的确有点儿遗憾,因为我不得不对你动粗。"玛格丽特的态度显得十分粗暴。

罗伯特被捕后,玛格丽特已经不顾一切地耗尽了自己。她孤独无助、憔悴疯狂。她的仇恨那么深,需要复仇,需要疯狂的暴力和血腥的屠杀带给她淋漓的、颤抖的快感。

对罗伯特的担忧将玛格丽特变回了罗伯特的妻子,而此时的迪奥尼斯却并非忠实的同伴。他爱上了戴瓦尔的妻子,这个单纯美丽、却遭受双重伤害、双重背叛的无辜女人。他开始想念她,对她燃烧起激奋的欲望。

玛格丽特感受到了这种欲望,她知道在如此复杂的形势下什么都有可能发生。她知道这是种一闪而过的欲望,是随时在街角就可能产生,又随时在空气中就可能消亡的欲望。但是,这份欲望也可能走得很远,一切都有可能发生。

在玛格丽特眼中,波莱特·戴瓦尔是所有这些复杂邪恶爱情里的同谋。

一九四四年九月十四日,迪奥尼斯将查尔斯·戴瓦尔交给了司法局,并于当天释放了波莱特·戴瓦尔。查尔斯·戴瓦尔受审时的身份是盖世太保的秘密警察,这对他的判决极为不利。迪奥尼斯以法国国内武装部队少尉身份参加了听证。

在听证会上,戴瓦尔与洛里斯通街两大盖世太保头目波尼和拉封一起受审,这是一次相当严重的混同,戴瓦尔从来没有参与过波尼-拉封集团的活动。

听证会上,玛格丽特的证词起到了决定性的作用。她极具煽动性的语言,将整个法庭带入到一种极其激动、愤怒、仇恨的情绪中。戴瓦尔的律师慌了,他知道戴瓦尔的命运从此再也无法逆转了。

整个审讯过程中,波莱特·戴瓦尔都没有到场,她寄希望于迪奥尼斯身上,期望他可以救戴瓦尔一命。直到通过律师转述了解了玛格丽特的证词,波莱特·戴瓦尔才对丈夫的生还放弃希望。

一九四四年十二月十二日,所有听证会全部结束,法官以一种死神般的黑色音调宣布了包括戴瓦尔在内的全部被告的死刑,非常干脆的判决。戴瓦尔对死刑判决无动于衷,他的理智和平静比他高挑的身材、一丝不乱的金发和优雅的举止更引人注目。

在枪决前,戴瓦尔给妻子写了一封信,信中对她保证了他对她的爱情和忠贞。之后,戴瓦尔便在他的单身牢房里读书写字,非常安静地等待死亡的来临。

第八章 起、承、转、合

1. 罗伯特的重生

一九四四年十二月二十八日，戴瓦尔枪决两星期后，小说《平静的生活》出版了。对于玛格丽特酝酿已久的这本小说，评论界并不看好。玛格丽特式的句子结构、过于浓重的福克纳风格，读起来总让人觉得别扭。《平静的生活》出版时，玛格丽特向出版社申请用"杜拉斯"作为署名，这是第一本真正意义上的"杜拉斯"小说。

《平静的生活》是以玛格丽特和迪奥尼斯为故事原型进行创作的。男主人公蒂耶纳正是迪奥尼斯的翻版。蒂耶纳为人巧妙，身体美得令人吃惊。他有着美妙的金色身体和湖水般碧蓝的眼睛。在玛格丽特笔下，蒂耶纳的身体灵巧柔软如轻风拂过水面，任何衣饰穿在身上都显得累赘，他只以阳光为裳。小说中，蒂耶纳如迪奥尼斯一样，从不对恋人说"我爱你"，他们一样精力充沛、情感丰富，喜欢勾引，却对"自由"过度追求。

小说中，玛格丽特运用了大量笔墨来描写女主人公弗朗索对蒂耶纳的肉体之爱。对弗朗索精敏的心理描写，着重强调了一个年轻女人对爱欲的捕捉。

《平静的生活》的创作并非偶然，弗朗索这个情感边缘化的女人所反映的，正是相当长一段时期内，杜拉斯本人的精神状态。

在这本书的创作过程中，玛格丽特经历了人生中几次沉重的打击。

保尔——玛格丽特的小哥哥，她的情人、守护者、温柔善良的小哥哥——正是在这本小说的创作过程中离世的。小哥哥的死讯传过来时，玛格丽特完全被巨大的悲恸吞噬了。在一个月的时间里，她几乎不吃也不喝。一个月，整整一个月，她几乎没说过一个字。她将自己完全封闭在另一个世界，一个只有小哥哥和玛格丽特·杜拉斯的世界。

沉浸在巨大的痛苦中，突如其来的噩耗使玛格丽特悲恸而惶恐。她不停用头撞墙，额头上满是淤青。她拼命咆哮，如丛林野兽般怒吼，但野兽也不比玛格丽特鬼魅般的凄凉。

白天，玛格丽特几乎不出门。夜晚，她常常一个人走进丛林，不许任何人陪伴，只身进入丛林深处。她喜欢在丛林深处洒满月光的小溪里洗澡，喜欢冷冽的溪水滑过身体时带来的阵阵颤栗。玛格丽特赤脚踩在柔软的草地上，将裙子撩得高高的，感受着轻风吹拂身体，沉浸在大自然的微润和强壮中。

孤身一人静听夜晚丛林的风声流水，她是否会看见丛林深处缓缓走来的小哥哥？小哥哥的怀抱是否依然宽厚温暖，带着金色的笑？古铜色的饱满肌肉在朦胧的月光下，是否镀着一层亮银的光？

小哥哥离世，罗伯特不知所踪，迪奥尼斯不确定，椎心的绝望将杜拉斯无情抛入狂乱中，难以自抑！

虽然长期失眠使玛格丽特的头脑变得迟钝缓慢，但为了收集罗伯特的消息，她还是申请为《自由人》撰稿，负责政治社论专栏。在专栏中，玛格丽特不仅可以发表政治评论，还负责刊登行动组织、军官集中营、战俘集中营和被放逐者集中营的各类信息。玛格丽特每天仔细阅读专栏的所有内容，希望找到一些关于罗伯特的消息。

撰写专栏社论不仅为寻找罗伯特提供了大量资料，还为玛格丽特提供了发泄仇恨和愤怒的空间。在《自由人》社论中，玛格丽特的左倾政治思想十分极端，她主张对附敌者严惩不贷，极力主张使用暴力手段对战俘严刑逼供。玛格丽特的极端左倾思想和严重暴力倾向，令身边的朋友大为震惊，她的苛刻和野蛮倍受朋友指责。此时，除迪奥尼斯和几个抵抗组织成员外，玛格丽特的其他旧友纷纷离她而去。

的确，在戴瓦尔事件中，玛格丽特确实犯下了无法挽回的严重错误。

在对戴瓦尔的审判过程中，玛格丽特表现得十分冲动鲁莽。按计划，行动小组本打算先将戴瓦尔关押起来，以求从他身上得到更多消息，待问题查清后，再定罪不迟。但由于杜拉斯操之过急，枪决的判决斩断了戴瓦尔这条重要信息线。如此一来，系在主线上的所有消息全部石沉大海，背叛组织的内奸永远被隐藏了起来。

戴瓦尔事件后，玛格丽特的政治身份一度遭到强烈质疑。她的错误被许多组织成员认定为对组织的背叛，强烈要求将其立即开除党籍，甚至有成员上报玛格丽特就是潜伏在组织的内奸。

但朋友的背弃、组织的质疑在玛格丽特心中都远远不及罗伯特的不知所踪。一次次希望的落空将她抛入了难以忍受的猜测和绝望的等待中。她整夜整夜哭泣，经常沉浸在内心世界，不听也不讲话，长期失眠使玛格丽特看上去迟钝而缓慢。玛格丽特很瘦，面色苍白。她每天都喝很多酒，酒精常常使她不自主地颤抖，她的情绪，每分每秒都徘徊在崩溃的边缘。

玛格丽特告诉迪奥尼斯她能够"感觉"到罗伯特的死亡，就像当初玛丽感觉到了亨利的离去一样。她不是在猜测，而是在等待，等待罗伯特的死亡通知。她准备好了自杀，想真真切切地看着自己为罗伯特而死。玛格丽特感觉自己被抛弃了，被一个一直保护自己，永远不会伤害自己的兄长和恋人抛弃了！

失去了依靠的女人，浮萍一样的女人，找错了幸福方向的女人！此时此刻，甚至连迪奥尼斯的忠诚陪伴都不能给予她丁点儿慰藉。更可怕的是，那个属于她和罗伯特的死去的孩子，又找上了她。

关于罗伯特的消息，是在五个月后传来的。

一九四五年四月，密特朗受戴高乐之命飞往美国执行军事任务，在穿过达朔集中营尸堆时，他听见有人喊他的名字。当密特朗循着声音找到声源时，他已不敢相信面前是一个"人"了。那个瘦小的男人通过声音认出了密特朗，哀求密特朗把自己带走。这个垂死的男人正是罗伯特。

与罗伯特相认后，密特朗立即与德国政府交涉，但德国方面态度十分坚决，坚持不肯释放罗伯特。密特朗只好先致电给玛格丽特，告诉她罗伯特还活着，但身体状况十分糟糕，让她做好心理准备，一定要支撑住。

然而，罗伯特的消息只给玛格丽特带来了一瞬间的兴奋，之后取而代之的便是恐惧。罗伯特还活着，两天前他还活着，非常虚弱，无法想象的虚弱。

罗伯特在尽一切力量支撑，但没人能保证他能够支撑下来。密特朗在电话中通知玛格丽特："他还能活三天，是的，三天，但不可能再多了。"

得到罗伯特的消息，迪奥尼斯和波尚当晚便动身赶往达朔，并于第二天一早与密特朗在达朔碰头。密特朗通过各方打探得知，达朔集中营其实早已解放，现在由"全国战俘及被放逐者行动组织"负责管理集中营关押犯人的相关事宜。幸好该组织成员之一贝奈，恰好是密特朗的旧友。通过上下打点，密特朗、迪奥尼斯和波尚最终成功潜入所谓"康复集中营"的朗德斯堡。

所谓"康复集中营"，其实就是恐怖的万人坑。来到这里，死亡的气氛令密特朗三人不寒而栗。三人目之所及的一切都已经死了。营房空空如也，地上到处都是尸体，每一次呼吸，吸入的不是空气，而是死亡。

营房墙壁到处都是残破的黑白符号，这里的一切都在痛苦挣扎后尖叫着瓦解、坍塌。血液凝滞，感觉不到心跳，恐惧慢慢升起，意识逐渐被痛苦淹没。死亡从来不曾如此贴近生命。在这里，绝望代替了恐惧，地狱的所在。此时是否还有人向上帝祷告？上帝是否还眷顾这些绝望的灵魂？

一连几日的大雪掩盖了尸体，死寂，死寂……

突然，雅克·贝奈惊呼道："罗伯特！我找到罗伯特了！"

在临时搭建的医疗棚屋里，一个瘦小的黑影蜷缩在淋浴喷头下。黑影以一种奇怪的姿势蜷缩抖动着，那种扭曲的角度很难联想到人。一条垂死的生命瘫软在墙壁的黑影里，只能分辨出头和肩膀。根据后来贝奈的回忆，罗伯特此时只有三十五公斤，浑身恶臭，虚弱得已经没有力气睁眼。但他用尽气力，以一种可怕的、颤抖的、死亡般的声音不停地对他们呼喊，断断续续，非常微弱。

三人将罗伯特放进车里，密特朗留下继续打点，迪奥尼斯和波尚则带着奄奄一息的罗伯特迅速逃离了这座人间地狱。

一路上，罗伯特不停地说着，他有极迫切的倾诉欲。迪奥尼斯试图说服罗伯特停下小睡一会儿，但他不肯。在可怕的死亡来临时，忽然得到赦免，罗伯特要将达朔的经历全部倾出！

倾诉是一种需要，排解的需要，生存的需要。倾诉仿佛可以使恐怖的经历更快被忘记。在这种迫切的需要面前，即使死亡也不重要了。罗伯特说了许多许多话，他吃不下东西，生命耗尽，完全在靠意志支撑。

第二天早上，迪奥尼斯和波尚发现罗伯特还活着，两人喜出望外。这时，罗伯特已经说不出话了，他微睁双眼，目光呆滞，呼吸微弱却平和。他们到了凡尔登，医生在这里对罗伯特进行了简单检查。检查结果并不乐观，医生建议阻止罗伯特进食，并建议将车尽量开慢一些。此时任何一点颠簸都有可能使罗伯特丧命。

到了第三天，迪奥尼斯和波尚很明显地感到罗伯特的生命走到了尽头。他再没力气睁眼了，但翕动的睫毛，仿佛仍有话要说。

就在这一天，两人终于将罗伯特活着带回了圣伯努瓦街。玛格丽特一早接到电话，便在二楼平台等候。尽管在电话中迪奥尼斯已再三嘱咐她做好心理准备，但当罗伯特出现在她面前时，玛格丽特还是情绪失控，大叫着跑开了！

见到不成人形的罗伯特，玛格丽特惊恐万分，尖叫着在屋子里乱窜。她在逃！但为什么要逃？逃往哪里？面前这个人，男人，难道竟是她日思夜想的罗伯特，永远保护他，带给她温暖安全，永远庇护她的罗伯特吗？

玛格丽特把自己关进衣橱，用成堆的衣服包裹自己，一声不响，任凭怎么招唤都不肯出来。就这样过了几个小时，她才镇静下来。玛格丽特悄悄跨出衣橱，但只敢远远地望着罗伯特。又沉默着过了几个小时，玛格丽特才敢慢慢靠近他。

此后，玛格丽特寸步不离地照料着罗伯特，投入、牺牲、忘我。生命在玛格丽特的悉心照料下，健康重新回到了罗伯特的身体。在罗伯特回家的第十七天，医生终于宣布他已经得救了。六月中旬，玛格丽特又接受贝奈的建议，将罗伯特带到维里埃尔附近的温泉康复中心进行疗养。在此期间，玛格丽特表现出了令人敬佩的忠诚。

2. 第三种爱情

渐渐恢复体力后，出乎意料的是罗伯特被一种强烈的犯罪感所纠缠：为什么是我活着而不是别人？罗伯特的身体虽然恢复了，但他却不知该如何获得精神上的重生。他将这种恐慌讲给迪奥尼斯听，将他视为自己的知己密友。集中营的经历使迪奥尼斯很能理解罗伯特内心的纠结，他十分赞赏罗伯特的高尚，两人间的友谊坚固而强烈。

与迪奥尼斯的友谊占据了罗伯特的所有精力,他与迪奥尼斯惺惺相惜,玛格丽特被排斥在了两个男人的情感之外。

两个男人间的友谊使玛格丽特倍感痛苦,她将这种痛苦化作了对迪奥尼斯更为狂热的迷恋。在温泉疗养院,她几乎天天瞒着罗伯特写信给迪奥尼斯倾诉相思之苦。她希望迪奥尼斯肯定他们的感情,希望从他那里得到爱的安慰和力量。

玛格丽特的反常被罗伯特看在眼里,他阴沉着脸,经常一个人躲到森林里思考。玛格丽特注意到了罗伯特的忧郁,但却无法停止对迪奥尼斯的思念。每当她极力压制这份情绪时,思念之情总会更汹涌地向她涌来,将她的微弱的理智彻底淹没。

一九四五年秋,罗伯特与玛格丽特回到了圣伯努瓦街,他们仍然一起生活,但已经分居。经过几个月的思考,罗伯特已经接受了玛格丽特与迪奥尼斯的情感,并且非常理解。迪奥尼斯住在母亲家里,但经常来看他们。

在所有人眼里,玛格丽特是罗伯特的妻子,迪奥尼斯是罗伯特最好的朋友。知道迪奥尼斯和玛格丽特之间感情的朋友都很为她的所做所为焦虑,但玛格丽特却不以为意,仍公开保持着与罗伯特的夫妻关系。在公共场所,玛格丽特总是挽着罗伯特的胳膊,迪奥尼斯则走在他们身边。

外人看来两男一女的畸形三角恋,他们三人倒是乐在其中。玛格丽特仍与罗伯特生活在一起,他们之间的关系是由深厚的友谊、彼此的尊重和智性的交流织就起来的,因此其中不只有男欢女爱,更多的是兄妹间的亲情和朋友间的尊重。而与迪奥尼斯激烈的爱欲恰好弥补了罗伯特太过温和的不足。加之罗伯特与迪奥尼斯彼此相互欣赏,罗伯特完全可以宽容地接受玛格丽特与迪奥尼斯爱情的发展。因此三人的友谊奇妙地联系着,十分牢固。

在圣伯努瓦街，他们每星期总会组织一两次狂欢。所谓狂欢派队，在这里，结婚的夫妻被拆开重组，陌生人之间相互拥抱纠缠，但第二天早晨天一亮，每个人还是乖乖地带着自己的爱人回归原来的生活。

年底，罗伯特的身体已经完全恢复了，他需要一份工作，于是在玛格丽特的支持下，两人共同成立了一家出版社，社址选在杜班街罗伯特的父母家。

祝福两位好友的同时，罗伯特也发展着属于自己的恋情。他的女友名叫安娜·玛丽，出版社成立不久后，安娜便怀孕了。但罗伯特并不想要这个孩子，安娜的坚持扯断了两人的感情。在与安娜分手不久后，罗伯特又与另一个年轻女人发生了关系。意想不到的是，这个年轻女人竟是迪奥尼斯曾经的情人。

罗伯特对安娜不负责任的态度令玛格丽特十分不满，她很能了解一名孕妇对自己孩子的感情。这段感情的结束，使玛格丽特又想起了自己的第一个孩子。玛格丽特与安娜一样痛苦，陷入在痛失爱子的悲伤中久久难以自拔。这件事之后，玛格丽特开始重新考虑自己与这两个男人间的关系了。

一九四六年夏初，玛格丽特再也无法忍受夹在两个男人中间的生活了。她只身一人去了多尔多涅，住在奥特弗尔的一家小旅馆里。她想一个人静一静，真正的一个人，不写信，也不与人交谈，仔细思考一下，希望找到一种更平衡的生活方式。

在多尔多涅住了几星期后，她开始想念迪奥尼斯。起初，玛格丽特控制着自己的情感，静静地等待着迪奥尼斯主动写信问候她。她每天都查几篇信件，但什么都没有收到，无论是罗伯特还是迪奥尼斯，都对她的消失无动于衷，似乎都忘记了她，仿佛玛格丽特根本不曾存在过。

又是几个星期过去了，玛格丽特开始动笔给迪奥尼斯写信。但她总是在结尾时将信撕掉，一封也不曾寄出过。玛格丽特每日饱受煎熬，反反复复地写，然后又撕，撕了再写。这样又过了将近一个月，这已经到了玛格丽特所能煎熬的极限。

一个月，整整一个月过去了，可玛格丽特没有收到任何一封来信，哪怕是罗伯特或者随便哪个朋友寄来的也好。可是，她的信箱一直空空如也，一片纸都没有收到。

终于，玛格丽特妥协了，她开始主动写信给迪奥尼斯，以求他对爱情的肯定。玛格丽特之所以一直犹豫着不肯切断和罗伯特的共同生活，正是因为她在等待迪奥尼斯开口，但后者却一直不置可否，保持沉默。

其实，迪奥尼斯不肯确定与玛格丽特的关系并非因为怯懦，在迪奥尼斯心里，一直深爱着波莱特·戴瓦尔，查尔斯·戴瓦尔的妻子。查尔斯死后，波莱特一直由迪奥尼斯照顾。迪奥尼斯对她很用心，视她为真爱，玛格丽特在迪奥尼斯心中的地位远不及这位孀妻。

玛格丽特在多尔多涅度假时，波莱特刚好怀上了迪奥尼斯的孩子。得到这个消息，迪奥尼斯的反应与罗伯特正好相反。他感到无比幸福，非常感激波莱特，并对她关怀备至，幸福的情侣共同期待着孩子的降临。玛格丽特此时离开，迪奥尼斯刚好可以整日陪在波莱特身边，哪还顾得上写信问候玛格丽特。

无独有偶，玛格丽特从多尔多涅回到巴黎不久，竟然发现自己也怀孕了！

3. 抵挡太平洋的堤坝

孩子带给玛格丽特的是喜悦与平和。忽然间，她对这个世界不再要求什么了。只要想到自己怀了迪奥尼斯的孩子，期待已久的孩子，她的心中就充满了巨大的幸福和满足感。

怀孕这件事，起初连玛格丽特自己也感到难以置信。怀孕，她竟然真的怀孕了！

与第一次相反，这次怀孕经历是个非常快乐的过程。孩子给了玛格丽特许多灵感。久不写作的玛格丽特，挺着大肚子重新打开了打字机。她被巨大的幸福感包绕着，在圣伯努瓦街，她经常一边烤蛋糕，一边写作，还时常爆发出阵阵快活的大笑。

有一个自己的孩子，是玛格丽特的梦想之一。第一个孩子的夭折粉碎了她的梦想，而未实现的梦想并没有消失，而是在玛格丽特心底散发出了更诱人的光。孩子的梦想渐渐成了玛格丽特的野心。她要在自己的肚子里制造了一个孩子，让他出生，抚养他长大，给他尽可能多的自由。确定在孩子心中的地位，对于玛格丽特而言，甚至比在文学圈里确定自己的地位更重要。

孩子，一个完全属于玛格丽特的孩子，他与其他人没有任何关系，甚至他的父亲。他完全依附玛格丽特而存在，生长在她的身体里，与她血脉相连。这种奇妙的联结令玛格丽特感到安全。他们彼此证明着对方的存在，只属于彼此，永远不会有背叛。

玛格丽特在耐心地等待。她观察着自己身体的日益变化，并认真记录下自己的感受。

玛格丽特与罗伯特生活在一起。迪奥尼斯每天晚上都来，但从不在圣伯努瓦街过夜。虽然罗伯特感到自己打扰了别人的生活，但玛格丽特和迪奥尼斯一再请求他不要搬出去。玛格丽特对他有种动物般的依恋，在精神上根本无法离开他。

玛格丽特生活在天使之间，她现在喜欢在这两个男人中间过日子。孩子给了玛格丽特莫大的力量，她感到自己比这两个男人都强，并直言不讳地告诉了他们。可贵的是两个男人都从心底接受了女性这份奇妙的高高在上，在玛格丽特温和的指导下，他们也进入了"女性的世界"。

所有人都以为孩子是罗伯特的，玛格丽特没有否认，她什么也没说。尽管玛格丽特在朋友和邻居面前一直保持着暧昧的态度，但在法律上，她还是毫不犹豫地澄清了和罗伯特的关系。一九四七年四月二十四日，塞纳区民事法庭宣布了玛格丽特与罗伯特离婚。这件事对当事人的打击并不大，只是法律上的澄清而已，两人还是好朋友，离婚丝毫没有动摇两人的友谊。倒是迪奥尼斯对离婚事件的反应比较强烈。他很不赞成离婚的决定，认为玛格丽特十分荒唐。对于玛格丽特草率的决定，迪奥尼斯感到十分不满。

不和谐的情绪，被孩子的第一声啼哭打破。一九四七年六月三十日，玛格丽特的儿子，乌塔，降生了！

乌塔的出生一扫之前的阴霾，使三人之间的友谊更为牢固，将三个人紧密地联结在了一起。

孩子彻底打乱了玛格丽特的世界，无论是身体上还是精神上。她激动异常，久久无法平静下来，她终于能够创造生命了。玛格丽特向全世界证明了自己的存在，让一条生命附着在自己的身上，孕育它，看着他一天天长大。第一个孩子的阴影在玛格丽特心中藏得很深，她一直害怕这一次自己仍然不能成功。直到当乌塔从她的身体脱离时，玛格丽特才放下心来。她欣喜若狂，这一次，由她孕育的鲜活生命真的可以继续了！

乌塔的生命开始了。这将是个全新的生命。玛格丽特成了一个贪婪、不安、占有欲极强的母亲，但同时，她也是一个快乐、诙谐、活泼、非常尊重孩子自由的母亲，她把乌塔放在与自己完全平等的位置上。

玛格丽特钟情于自己的孩子，迷恋着他，他们之间有属于自己的密码、仪式、秘密和语言。乌塔一天天长大，玛格丽特想要替他挡住一切，就像贝壳为生命挡住海水。她对乌塔的占有欲逐渐变为一种恐慌，一种压抑的母爱所带来的巨大恐慌。母性使她变得善良，但也使她变得疯狂。她迷恋乌塔灿烂的笑，但一想到笑容会随风消散就忍不住心疼。玛格丽特担心乌塔会离开，她把他抱在怀里，她要拥有这笑声。

乌塔的降临充实了玛格丽特的生活，但几乎没有改变圣伯努瓦街的生活方式，他并没有限制玛格丽特的行动。除了定时给乌塔喂奶外，玛格丽特仍每周组织聚会，为朋友们做饭烧菜、烤蛋糕，并且开始构思一部主题单纯的小说——《抵挡太平洋的堤坝》。

小说以一种古典悲剧的方式进行构建，但在文体和情节展开上却大量运用了现代小说的写作手法。在叙事过程中，玛格丽特抛却了晦涩的、影响故事连贯性的纯粹心理分析，更多地加入了描述性的语言，使小说有着极强的画面感。直至今日，《抵挡太平洋的堤坝》仍然不失为二十世纪关于母爱，痛苦、粗暴、毒害人的母爱，的最伟大的小说。

故事在披着异国情调绚烂色彩的贫穷中展开，飘荡着死亡的气息，悲惨的主人公突现出一种令人惶恐的诗情，拓宽了"可怜"这一狭隘的视野，将小说纳入了人类不公正的宏阔主题。

小说以伏在马上的死者开篇，以母亲的死亡结束。小说中，玛格丽特将死亡作为主人公希冀的、主动要求的合理自卫方式，把死亡看作一种解决问题的办法。她很为这个念头感到快乐：以恶制恶。书中所有人都是敌人。母亲、哥哥和妹妹分别属于不同的世界，却又分享着共性：他们都有暴力倾向，充满野性，游离于法律之外，并且以此为傲。

作为玛格丽特灵魂倾诉的声音，《抵挡太平洋的堤坝》让世人听到了来自时代深处的呐喊，因为不公正、因为要反抗而发出的呐喊。

小说中的母亲是多层次的。她人道，但过分的人道使她成了一个自私、多疑、牢骚满腹、令人厌恶的母亲。她生活在一块似乎非人生活的土地上，沉溺于幻想，逃避着现实。日复一日，年复一年，母亲疯狂地徘徊在幻想与现实间，现实不过是幻想的装饰带，时间是最终失去方向的船舵。

在虚幻的生活中，差点使母亲疯掉的梦想却是神圣的。她和冥冥中的世界对话，只有死去的丈夫生活的世界会带给她活下去的启示。

因此，《抵挡太平洋的堤坝》又是一本关于梦想的小说。书中人物如虚幻中的幽灵般，一面清醒地生活，一面沉浸在飘渺的别样幻想中。在梦想的巫术下，真实生活只能寄居在黑暗的一隅，在完全黑暗中，一切真实的粗糙不平都变得简单了。这就如同和陌生人坐在漆黑的电影院里，欣赏同一幅电影画面，彼此情感相通、一起流泪发笑，但一切黑暗中的情绪并不会对本体产生任何影响，这恰恰是人们需要的虚幻。

《抵挡太平泣的堤坝》所取得的巨大成功，还要归功于玛格丽特独特的文体。她巧妙地设计着人物对话，极精准地描写人物的心理和感受，读者沉浸在她描述的世界里：潮湿的空气、车子驶过贫瘠干燥的平原上唯一一条公路时扬起的灰尘、母亲每顿饭都要做的家禽杂烩汤散发出的令人作呕的怪味、令人颤栗的丛林、阳台上断裂的木板。这个摇摇欲坠的世界清晰地印在玛格丽特的记忆中，她用准确的词语将它呈现出来。长短错综排列的句式，拿捏准确的节奏，使小说充满张力。玛格丽特成功地重建了她童年生活的世界。

从最初构思到最后交稿，小说的创作过程整整经历了六年。一九四九年圣诞节前，玛格丽特终于完成了《抵挡太平洋的堤坝》的手稿。小说出版后受到了广泛关注和好评，奠定了玛格丽特成为一代最杰出女小说家的地位。

同一个夏天，玛格丽特开始构思另一本新书的写作大纲。《直布罗陀的水手》不到两年就出版了。在《抵挡太平洋的堤坝》出版前，玛格丽特沉默了相当长的一段时间，但这之后，她基本以一年一本的速度进行小说创作。《直布罗陀的水手》《塔吉尼亚的小马》《树上的岁月》《街心花园》相继出版。

4. 热拉尔·雅尔罗

玛格丽特对迪奥尼斯的爱充满了痛苦，两人互相折磨，几乎喘不过气来。但她是那么欣赏他，无条件的爱，明知欺骗却依然义无反顾的爱。"我爱你，说你爱我。"玛格丽特经常要求迪奥尼斯这么说。但迪奥尼斯对她说得不够多，不像她所希望的那样多。迪奥尼斯经常消失，一连几天不露面。玛格丽特一个人被丢下，一丢就是许多天。

他们两人一直是未婚关系，因此彼此分开存在，没有束缚，更没有义务。迪奥尼斯对玛格丽特的爱没有她想要的那样温柔，玛格丽特为爱所伤，产生了独自生活的念头。

迪奥尼斯的爱情没有浪漫甜蜜，只有无尽的痛苦。折磨人的不忠，没有未来，只有监视、猜疑、嚎叫的痛苦、沉默的痛苦，为什么？玛格丽特如何能够忍受这一切？

和所有女人一样，玛格丽特知道迪奥尼斯在欺骗她。和所有的女人一样，她知道却又不愿意知道。像很多男人一样，迪奥尼斯对出轨行为矢口否认，这更增添了玛格丽特的怀疑和罪恶感。玛格丽特身边的每个朋友都知道迪奥尼斯和别的女人有关系，除了玛格丽特。

旁观者都清楚迪奥尼斯唐璜式的天赋，而玛格丽特又是个特别容易遭到欺骗的女人。

玛格丽特对男人总是要求过高。她过分嫉妒，占有欲极强，这令和她生活在一起的男人难以忍受。于是男人在某个时刻会离开，到别的地方，但并不很远，只是为了呼吸一下自由空气，也许还会回来。但玛格丽特却无法在爱情上妥协，她不能像多数小资女人那样，为了表面的光鲜接受爱情的权宜之计。

一九五六年夏，伤心的玛格丽特带乌塔去了特鲁维尔度假。她将行程安排告诉了迪奥尼斯，邀请他一起来。他们在那儿等了迪奥尼斯整整一个月，但他没有来。于是在旅行结束时，玛格丽特终于下定决心做了决定：她要断绝与迪奥尼斯的关系。是断绝关系，而非短暂分离。

之后，玛格丽特开始尝试没有迪奥尼斯的生活。

分手后，玛格丽特远离了迪奥尼斯批评的目光，她自由了。她成功摆脱了那份怀疑性的、永不确定的关系。玛格丽特不再在夜晚等迪奥尼斯归来，不再怀疑他欺骗她。她终于可以安静下来，安心地写作或者睡着了。

从此，玛格丽特与迪奥尼斯保持着一种同伴关系，这种关系建立在两人深层的相通和相互的尊重上。他们的精神然后相通，两人的分离不是地域或精神上的，而是肉欲和爱情上的分离。玛格丽特直到她生命的尽头仍然承认她很少像爱迪奥尼斯那样爱一个男人。每次翻相簿时，玛格丽特总是夸迪奥尼斯英俊优雅。

一九五六年九月十七日，玛格丽特·杜拉斯的第一部戏剧《街心花园》在香榭丽舍剧院上演，出乎意料的是，观众对演出的反响十分冷淡。于是，一九五七年五月一日，剧组追加投资再度上演。但再次上演仍没能赢得观众的芳心，而评论界则借此机会竭尽对玛格丽特的讽刺之能。

尽管戏剧没有得到认可，但玛格丽特这次却不为所动。她刚刚陷入了一场恋爱。恋爱中的玛格丽特不再斤斤计较，她疯狂地爱上了一个男人，热拉尔·雅尔罗。

玛格丽特的生活中突然出现了一个英俊、阴郁、迷人、古怪、学识渊博的男人，他的职业是记者，也是个作家。玛格丽特与这个男人分享了所有的生活：朋友、约会、房子、风景、油画。他们一起旅行，一起喝酒，很多的酒。他们接吻，"他是个非常善于接吻的人"，玛格丽特说。

这个男人名叫热拉尔·雅尔罗，与玛格丽特相遇时三十四岁，已经结婚，是三个孩子的父亲。他身体健壮，总是笑盈盈的，是个英俊的棕发男人。他有着圣日尔曼大道上左岸知识分子的高傲，属于那种好斗的记者。他总是套着件灰蒙蒙的雨衣，说话风趣。

热拉尔·雅尔罗是个富有生命力的男人。在他身上，有某种东西正好吸引了玛格丽特，这个才痛苦分手的女人。雅尔罗非常男性化，喜欢吹牛，既轻浮又持重。外表有点儿像英国人，典型的斯蒂芬尼式口音，成天不是喝酒就是勾引女孩子。

在玛格丽特眼中，他是个王子，尽管为人轻浮、浅薄。雅尔罗给报纸写文章，或是写电影脚本，再或者写小说，有时能写完，有时开了头就扔下了。他接受过非常好的教育，目的是为了接触艺术家，跻身于圣日尔曼-德普雷的小团体。后来，他成为了所谓的快餐文学家。他喜欢围着真正的作家打转，是那种喜欢摆架子的人。

玛格丽特回忆说："雅尔罗是个非常有天赋的作家。他很细腻、古怪，也很迷人。他非常健谈，身上有种很罕见的品质。"作家，雅尔罗也许算不上，但他肯定是个杰出的情人。

玛格丽特自以为已经度过了情感的危险期：少女时代和亚洲情人；结婚前后和各个不同的陌生人；战后又和戴瓦尔。但这一回，她仍然没能控制住局势。玛格丽特此时的生活，无处不是雅尔罗。

很长一段时间里，玛格丽特根本无法投入创作，雅尔罗已经占据了她所有的精力。几个月后，当玛格丽特开始着手创作一部新小说时，却传来了母亲的死讯。

玛格丽特是通过电报得知母亲故去的消息的。收到电报时她正和雅尔罗在圣托佩兹度假。得到通知,玛格丽特决定立即出发,她要赶上第二天早晨母亲的葬礼。

玛格丽特和雅尔罗飞速行驶了一整夜,两人轮流驾驶。黎明时分,精疲力竭的他们在一座饭店里稍作休息,但喝了许多酒,两人都醉了。但他们仍然晃晃悠悠地上路了,天亮时雅尔罗仍在颤抖。

到达母亲的房子附近时,玛格丽特独自一人走进了母亲家,雅尔罗在旅馆等她。

母亲的棺材前围着三个人:仆人阿杜、大哥皮埃尔和玛格丽特。入葬前,玛格丽特亲吻母亲冰凉的额头。皮埃尔哭了,玛格丽特只是面无表情地看着他。她一点儿也不感动,也没有哭。此时,玛格丽特在想那个她爱的男人,他正在旅馆等他。

回到旅馆,两个人待在房间里,无法言说的压抑之情涌上心头,两个人开始互相殴打。打累了,他们一起做爱,一起哭泣,一起在夜里奔跑、喝酒,直至第二天早晨一起倒下。六个月里,玛格丽特和雅尔罗维持着这样一种由暴力、酒精、肉欲结合而成的关系。

冬天过去了,时间冲淡了悲伤,一切不再那么沉重。两人的生活逐渐回到了正轨,成了一桩正常的爱情故事。

多亏了这个男人,在雅尔罗的支持下,玛格丽特用新文体写成了两本重要的小说《琴声如诉》和《劫持劳儿·V·斯坦茵的迷狂》。与迪奥尼斯不同,作为一个作家,雅尔罗很欣赏玛格丽特。对于她的文学之爱,也是肉体之爱。

第九章 写作

1. 作家

与雅尔罗的恋爱将玛格丽特推向了创作高峰。《直布罗陀的水手》《艾米莉·L》《塔吉尼亚的小马》《蓝色月光》《痛苦》《树上的岁月》《毁灭吧，她说》等作品都是在这个时期创作的。玛格丽特的所有作品之间都有一种割不断的姻亲关系，尽管时间、距离和主题各不相同，但都带有这段日子所经历的爱情苦难的痕迹。

对玛格丽特小说的评论一向充满争议。《塔吉尼亚的小马》只卖了二千零二十三册，书失败了。但没有任何东西可以让她泄气停下。玛格丽特继续疯狂写作，一边抚养儿子、接待朋友，一边写作。

圣伯努瓦街对朋友们永远敞开着大门，永远菜肴丰盛。这一小群最忠实的朋友在此无话不谈，他们无止境地讨论着马克思主义的衰落，而玛格丽特则在一边烧她的半熟芥末兔脊肉，或者给客人做她最拿手的香菜越南肥肉。

玛格丽特每周在圣伯努瓦街招待几次客人，她不仅被看成女知识分子，以写作为职业，把激情投入到写作上的知识分子，更被看作迷人的主妇。男人们经常只身前来，围绕在她身边。玛格丽特很活泼，爱开玩笑，永远富有生命力。她是一个敏感、调皮，有时让人无法忍受却又美妙绝伦的孩子。

在客人眼中，玛格丽特是个可爱、迷人、有魅力又很聪明的作家，但更希望她是个纯粹的女人。男人们害怕玛格丽特成为作家，对她取得的成功感到不安。

《塔吉尼亚的小马》失败后，伽利玛出版社决定将《树上的岁月》的首印，从原定的五千册缩减到三千册。不过这一次评论界却非常热情，小说的反响比前两本书热烈许多。

《洛桑新闻报》评论道："这本书非常美，非常有力，非常惊人，因为玛格丽特·杜拉斯的天赋显示在她的雄浑有力上；我们真的很难理解，一个女人竟然能有这样粗野，这样无耻，这样不容分辨的笔触，这本小说集显示出的竟是这样一种风格。"

这样的评论是褒是贬都无所谓。对玛格丽特而言，她不是女性作家，她是纯粹的作家。玛格丽特的自我定位令许多文学记者恨得咬牙切齿。但她独特的魅力却吸引了许多读者。

圈子里亲近的人都对即将成为作家的玛格丽特表示怀疑。女文人？他们并不觉得在女性报纸上读到玛格丽特发表的文章是件荣耀的事。朋友们既欣赏她，又指责她。多数朋友的劝解是善意的，但善意的劝解中也不乏尖酸的讽刺。

是出于嫉妒吗？男性知识分子的优越感使然？玛格丽特后来一直问自己，她如何能在如此长的时间内，以这样一种服从的姿态，听从如此多的建议、评论和指责。

《树上的岁月》出版之际，评论员保留了一些删改意见，结果却激怒了玛格丽特，她要求出版社更换评论员。《树上的岁月》是玛格丽特还能听取他人意见的最后一部作品，从下一本《街心花园》开始，她就不再接受任何批评了。

虽然玛格丽特看上去温和灿烂，但却容不得别人对自己作品的任何置疑。从《街心花园》开始，给玛格丽特编书就意味着停下手头一切事情，只读她一个人的作品，然后必须告诉她，这部作品无与伦比。

玛格丽特已然把自己看成了大作家。她脱离了迪奥尼斯，并开始寻求经济上的独立。但想要完全经济独立，仅仅靠稿费是不够的。于是玛格丽特一面抬高小说出版的稿酬，一面应报纸杂志之邀写些关于时尚和电影的文章，这些文章的稿酬很高。

写作是玛格丽特谋生的手段，也是她衷爱的事业。玛格丽特从没有停止过写作，作品刚一完成就迫不及待地拿去发表。在玛格丽特的世界，话语不仅仅是知识性的信息，更是来自人类灵魂的声音。

玛格丽特经常觉得自己生活在"真正生活"之侧。正常的生活，爱情的幸福，生命之轻。玛格丽特如此执着于写作，因为她相信通过词语，能够使自己碰触到另一种事实，一种无法形容的事实。即使当她的身体已经不能再写字时，她还是以写作的方式说话。

真正的作家应该是什么样的，玛格丽特在二十世纪五十年代中期就找到了，在海明威的《非洲的绿色山陵》里找到了。

《街心花园》只发行了二千二百册——三年来，玛格丽特的新书印刷数每况愈下。书在出版之际又遭遇了批评界的冷嘲热讽。《街心花园》对于玛格丽特而言与其说是一部小说，不如说是一篇宣言，一篇发言稿。一九五七年为了把它搬上舞台，玛格丽特费了不少劲。而今天，关于剧本改编的记忆已经模糊了，因为它曾经被多次搬上舞台，有好几个不同的版本。

在《街心花园》的创作中，玛格丽特遇到了经济困难，她只好一再向出版商罗伯特·伽利玛提高稿酬。玛格丽特和她的出版商之间一直保持着一种复杂、充满激情、混乱、相爱的关系。和伽利玛一家如此，和热罗姆·兰登亦如此。后者在之后的日子里，与玛格丽特共同生活了三十年。

不久后，法国陷入了战争，政治事件将文学问题推至身后。战争刚一开始，玛格丽特就坚决反对法国在阿尔及利亚制造的一系列事件，她与其他三百名知识分子及艺术家一起，率先在反北非战争请愿书上签了名。

但知识分子内部对于阿尔及利亚问题的看法也不尽一致。玛格丽特·杜拉斯的政治倾向属于加缪所谓的"阴性左派",她支持阿尔及利亚人民斗争下去,从侵略者手中获取自由。

知识分子内部的不和很快就在圣伯努瓦街爆发了。圣伯努瓦街的争吵有时相当激烈,并且经常持续到深夜。此时,玛格丽特几乎将所有精力都投入到政治事件中,这段时期,她没有什么写作计划。但是,玛格丽特非常需要钱,她正经历着思想、爱情和经济上的多重难关。

《街心花园》出版时,玛格丽特已经负债累累了。写作是玛格丽特的职业,唯一的职业,也是她唯一的谋生手段。即使后来名利双收后,玛格丽特对金钱依然有着强烈的需求。在金钱方面,玛格丽特似乎从来没有感觉过满足。

一九五八年,《琴声如诉》在子夜出版社出版,标志着某种断裂。从这本书开始,玛格丽特不再像从前那样写作了,她希望大家都能知道这一点。在公众眼里,玛格丽特丢掉了古典小说的写作架构,成为了新小说派的一员。尽管玛格丽特自己一直否认,但读者仍然给她披上了新派小说家的外衣。最后,无论主动争取还是被接受,总之,《琴声如诉》使玛格丽特成为了一名著名的小说家。

一九五九年,《塞纳·瓦兹的高架桥》在伽利玛出版社出版。接着是后面的十几本书,其中包括《劳儿·V·斯坦茵的迷狂》《副领事》和《戏剧》……

在戏剧舞台上,《街心花园》获得了巨大的成功。《街心花园》在巴黎附近的剧院连续上演了三十场,之后又在德国的四个城市进行巡回演出,所到之处,颇为轰动。

2. 广岛之恋

文学、新闻、戏剧方面取得巨大成功后，紧接着是电影。玛格丽特应阿兰·雷奈之请开始起草电影剧本，而由勒内·克雷芒执导的《抵挡太平洋的堤坝》已在各大影院热映。评论界给予了这部电影极高评价。新闻界甚至为克雷芒—杜拉斯组合建造了一座凯旋门。

克雷芒将杜拉斯的电影诠释得天衣无缝，这是一部没有瑕疵的杰作，天才取代了天赋。这部电影的时代特征十分突出，细节部分处理得敏感细腻。《抵挡太平洋的堤坝》是一部在好莱坞拍摄的帕伊萨彩色宽银幕电影，是一部令人赞叹的电影。作品散发着杜拉斯式的独特魅力：故事脉络清晰，但人物间错综的情感总让人困惑，也许人心的虚晃之处便是杜拉斯的神创之作吧。

玛格丽特很有商业头脑，她没有忘记借着《抵挡太平洋的堤坝》的锋芒为自己进军影视界制造声势。

电影上映十五天后，玛格丽特在接受《快报》采访时说："电影当然拍摄得很好，但是小说的读者也许会感到失望的。"此时，玛格丽特已经想到创作电影脚本的事情，"如果我要在银幕上诠释自己的另一部作品，相信我会做好的。我对待自己的作品有很大的自由，而这正是别的改编者不敢的。我相信说到底，改编者都是太忠实了。我可以为电影重写这一段或是那一段的场景，本着同样的精神，却似乎和原书没有多大关系。如果谈到忠实，最主要的是风格的忠实。"

风格，杜拉斯的风格，玛格丽特不久就找到了。没有去过日本，也没有读过关于日本的资料，甚至没有特别投入的研究，但玛格丽特说："在生命的某些时刻，想要创作就不能做功课。"《广岛之恋》很快就证明了这一点。

《广岛之恋》的诞生是一系列串联起来的偶然。

阿兰·雷奈继《抵挡太平洋的堤坝》后想拍一部长胶电影。电影公司当时正与日本一家电影公司合作，想拍一部关于广岛的纪录片，题目已经拟好了，叫"比卡杜"，日文意思是"核爆炸发出的光"。但阿兰·雷奈并不看好这个想法，但他还是与克里斯·玛尔克交换了意见，商量关于核爆炸的纪录片的拍摄。

雷奈前后看了关于这个主题的十多部片子，经过六个月的思考，最后他还是放弃了拍摄纪录片的建议。他对电影公司负责人多曼说："如果你要拍一部有关广岛的电影，还不如去买日本人的版权，玛尔克和我都不能拍得比他们更好。需要做的是，"雷奈补充道，"拍一部故事片，我们不能再拍这方面的纪录片了。"

仔细考虑了雷奈的建议后，公司决定将纪录片改成故事片。于是多曼开始寻找电影剧本的作者。

两天后，多曼联系雷奈，问他是否愿意与萨冈一道去日本进行电影剧本的创作。雷奈不认识萨冈，只是听说她很热情，便同意与萨冈见上一面。于是，多曼与萨冈约定在皇家大桥酒吧见面，把她介绍给阿兰·雷奈。

约会当天，两人等了几个钟头也不见萨冈出现，致电萨冈，才知道她竟完全忘记了约会！

电话中，雷奈毫不犹豫地拒绝了萨冈，同时，他忽然想到了玛格丽特·杜拉斯的名字。雷奈将自己的想法告诉了多曼，恰巧多曼刚刚读过她的《琴声如诉》，对她一见钟情。多曼非常欣赏她的《塔吉尼亚的小马》和《街心花园》，很为玛格丽特书中语言的音乐性所感动。在多曼眼中，杜拉斯是个有"风格"的作家。他甚至想过将《琴声如诉》拍成电影，但事先不告诉她，等拍好以后再给她看。

"无论如何，我想和她联系上。"多曼对玛格丽特·杜拉斯充满向往。

雷奈通过奥尔加·沃姆瑟联系了杜拉斯，她邀请他第二天一起喝茶。说是喝茶，但实际上喝的是啤酒。会面持续了五个小时，两人聊得很开心，并很快达成合作意向。

两人观点十分一致：不拍纪录片。可怕的核爆炸不是电影的第一主题。主题应该是：原子弹爆炸后，这份恐惧是否也同样改变了人们的生活？

长谈后的第三天，玛格丽特为电影设计了一段对话，一个法国年轻女人和一个日本男人间的爱情对话。她打电话将对话读给雷奈听，雷奈听后很激动，立即联系制片商确定拍摄事宜。

确定合作后，玛格丽特开始快马加鞭地创作，夜以继日。雷奈提供了一份提纲给玛格丽特，提纲中强调：他需要发生在不同阶段的两个不同的场面，其中一个要发生在里昂，发生在德占期间。雷奈还要求所有情节都要是现代的，电影的调子应该是永远不能回头的现在。

玛格丽特有九个月的时间来进行电影剧本的创作。雷奈只对她讲了一点："您只需要负责文学的一面，不要管镜头的事。"玛格丽特没有写过电影剧本，对于剧本的创作一点概念也没有。但雷奈让她放心，让她尽管往下写，怎么高兴就怎么写。

创作进展得十分迅速，在两个多月的时间里，电影脚本已经有了大致雏形，其中对话也完成了一部分。

至于演员，雷奈立刻想到了埃马纽埃尔·里娃，他才看过她在米朔迪埃尔剧院和弗朗索瓦·佩里埃搭档的演出。雷奈用十六毫米胶片为里娃拍了一段实验性的默片。尽管第一次面对镜头，但里娃给雷奈留下了非常美妙的印象。拍摄完成后雷奈立即将默片拿给玛格丽特看，看后玛格丽特和雷奈一样颤栗了，她也对里娃一见钟情！

之后，通过制片方，雷奈顺利与埃马纽埃尔签了约。现在只剩下日本男人这个角色了。

由于经济问题，雷奈与玛格丽特不可能到日本去选演员。雷奈只好根据征集的照片来确定男主人公人选。他凭着自己的直觉，在一百多张照片中选定了一个，然后迫不及待地安排与演员本人见面。

挑选演员时，雷奈并不知道自己选中了东京最有文化的演员。雷奈第一次请他吃晚饭时，他问的第一个问题是："玛格丽特的作品和存在主义作品有什么不同？"于是，雷奈放下心来。

时间紧迫，玛格丽特投入到了疯狂的创作中。

雷奈要求剧情的发展要有两种连续性：一是电影的连贯性，另一种是"不为人知"的连贯性。雷奈要知道关于这个故事的一切，他即将在银幕上所讲述的这个故事，以及不出现在银幕上的，故事背后的，关于三个人物和一切。法国女人、日本男人和德国男人，他们的年轻时代，以及他们在电影之后的未来的一切。

玛格丽特于是按照雷奈的要求做了三份传记，最费心思的是关于女人的故事。

"女人有可能成为一个妓女，但她可能会厌烦这个职业。她可能是出于恼恨才选择这个职业，但其实她一点儿也不恼恨，她是绝望。她已经没有幻想，可同时又沉浸在最高意义的幻想之中。她想讨这个男人的喜欢，这样才能和男人一起得到她所希冀的欢娱。而欢娱，这并不是她的全部。在女人身上，体现了女性喜剧的结局。"

剧本的前期创作完成后，雷奈立即赶赴日本，进行电影的前期工作。由于经费问题，他一个人只身前往，玛格丽特留在了法国。

制片商给了雷奈两个月完成电影的前期制作，并让他把日本的镜头拍好。对于日本之行，雷奈有些担心。在一个受到过严重核辐射的国家怎么还能吃生鱼片呢？另外，他一个日本字也不懂，不认识任何人，在短短两个月时间内，拍摄任务如何完成呢？

但是，无论外景的拍摄，还是工作室的工作，雷奈都完成得很好。雷奈通过高超的职业水准和彬彬有礼的举止征服了日本工作小组。他每天都将自己的心得写信告诉玛格丽特，玛格丽特则继续沉浸在创作中，把一个又一个电影镜头补充进脚本。

需要听人物声音和语调的雷奈建议杜拉斯把剧本录在磁带上。于是，玛格丽特同时用书信和磁带与雷奈联系。

玛格丽特与雷奈亲密合作，他们希望把广岛写成一个爱情故事，希望这个故事非常美妙，同时是个在任何地方都可能发生的故事，尽管这一次它发生在一个充斥着死亡威胁的地方。他们试图让男女主人公在地理、哲学、历史、经济、种族上都尽可能地远离，越远越好。在广岛这个地方，肉欲、爱情和不幸似乎比其他所有情感都更真切。

在玛格丽特的头脑中，"日本男演员应该很高，面部特征西方化，嘴唇的线条分明而生硬。他的魅力不应该属于那种'异国情调'的范围，他的魅力应该一眼就被所有人看出，就像那类已臻成熟的男人。"

友谊和信任超越了大洋。雷奈镜头中所表现的一切都与玛格丽特想象中的完全相同。当发现雷奈所拍摄的东西与自己的想象完全吻合时，玛格丽特在巴黎高兴地跳了起来！她像个小姑娘一样拍手跳舞，把周围人也带进一种罕见的狂喜之中。

原初的剧本中没有出现在纳韦尔的镜头。发生在纳韦尔的爱情故事，玛格丽特是分开写的，并没有考虑时间顺序。里娃的戏拍得非常顺利。两个月后，雷奈带着他在日本的一班人马回到了法国。

一九五八年，雷奈开始拍摄纳韦尔的镜头，反复拍摄了好多次。雷奈希望电影有一段故事发生在二战时期的法国，女主又和日本男人相遇时，脑子里浸满了关于前一次爱情的回忆。

于是玛格丽特编写了女主角和德国士兵的爱情故事。纳韦尔是一座适合爱情发生的城市。"爱情在这里比在任何地方都要受到重视。"一座想象中的纳韦尔，衍生出了一段不可原谅的感情。恰恰是在战争结束以前，女主角爱上了年轻的德国士兵，不顾一切地爱上了他，尽管女主角内心十分羞愧，甚至感到恶心。

男女主角在树林中、在谷仓里、在废墟上、在房间里疯狂地爱着。"我们在城墙后拥抱。灵魂上的死亡，当然，但是我感到一种难以名状的幸福，我拥抱着我的敌人。"

恐惧与对死亡的等待掺杂在一起。"在纳韦尔"，玛格丽特写道，"唯一的奇遇就是等待死亡。"受虐与羞耻成为通向欢娱的唯一道路。杜拉斯坚持黑夜的主题：德军占领时的沉沉黑夜，年轻女人被关在地窖里无休止的黑夜，第一次做爱之后的黑夜。

然而，玛格丽特的灵性创作令雷奈非常焦虑。如何将这些分散的因素有机整合，构建成一部完整的电影呢？

雷奈与亨利·科尔比以及雅斯纳·夏斯奈一同进行了影片的剪辑。亨利与雅斯纳都没有参加影片的拍摄。玛格丽特经常去看他们。

制造商要求他们为电影找一个合适的题目，并写一篇剧情概述。玛格丽特建议影片的题目叫做《广岛之恋》，并做了这样的注释："谈论广岛是不可能的。人们所能做的，只是谈谈'不可议论的广岛'这件事。事情发生在一九五七年夏，观众应该清除脑子里关于广岛的一切成见，走出关于广岛的记忆，准备接受电影通过两个主角所讲述的一切。"

戛纳电影节上，评委会向文化部和电影节组委会推荐由《广岛之恋》代表法国参展。但组委会以五票对四票否决了这项提议。组委会认为电影主题不合时宜，参展后会令美国观众大为震惊。同年，玛格丽特的另一部作品《夜与雾》也没能进入戛纳电影节，理由是"可能会不讨德国观众喜欢，可能会引起'广岛事件'。"

正如雷奈所说，"《广岛之恋》成了牺牲品，它本应该可以参加角逐，但也许是它运气不好。"

影片上映后，许多资深电影人都为这部片子高声喝彩。《广岛之恋》打乱了传统的叙事结构。情节根据情感记忆的事件顺序展开，将观众带入了一片烧焦的土地。在这片土地上，爱情是罪恶，对于自己的了解是不可能的事情。杜拉斯式的杰作。与《琴声如诉》一样，影片中角色的剖析很大程度上取决于观众。人物内心的游离仍然是作品的主题。主人公从来都没有离开过爱的行为，正是这条贯穿整部影片的情感主线将分散的镜头巧妙地串联在了一起。

《广岛之恋》在巴黎上映了六个月，接下来是伦敦和布鲁塞尔。在法国，影片拥有二十五万多名观众，这对于一部"难以理解"的影片来说可谓奇迹！即使在德国，《广岛之恋》也取得了空前的胜利。在意大利，它击败了《拉斯特拉达》；在雅典得到了奖；南美很多国家，甚至美国都购买了《广岛之恋》的版权。在纽约、洛杉矶和芝加哥，《广岛之恋》的票房甚至远远超过了美国大片！

在电影的片头字幕上，出现了热拉尔·雅尔罗的名字，他是该片的文学顾问。雅尔罗渐渐被玛格丽特的圈子接受了。

雅尔罗有谎语癖，在任何事情上都撒谎，并不为了什么。每时每刻，甚至他本人都不知道自己在撒谎。玛格丽特最初发现他这一点时，简直要疯掉了。后来，既然无法改变他，玛格丽特开始试着妥协。雅尔罗嘲笑一切：真理、爱情和死亡，他只尊重作家。好在在他眼里，玛格丽特是个情人，也是个他喜欢和欣赏的作家。

一九六三年，在玛格丽特的帮助下，雅尔罗完成了两部剧本的创作：《如此漫长的缺席》和《没有奇迹》，两部剧本都签上了两个人的名字。剧本后来分别由亨利·科尔比和米歇尔·米特拉尼执导成了电影。

随后，玛格丽特将雅尔罗的两部小说《白色的武器》和《糟糕的地方》改写成了剧本。但尽管尽了一切努力，两个剧本却始终只能留在抽屉里。

这时期，玛格丽特写了很多，她又恢复了自信。迪奥尼斯和罗伯特此时已完全接收不到玛格丽特的手稿了，玛格丽特只有在新书出版后才会将书送给他们。至于雅尔罗，他欣赏她，从来不会批评她，只让她放心写作。虽然雅尔罗无论如何算不上良师益友，但在他的鼓励下，玛格丽特再不会觉得自己是在男人的监督之下写作了。

《广岛之恋》的成功给玛格丽特带来了巨大的经济利益，钞票从天而降。电影版权让她做到了真正意义上的经济独立。玛格丽特曾与罗伯特和迪奥尼斯分享一切，现在，她终于实现了小女孩时的梦想：给自己买一间大房子——诺夫勒城堡。

3. 诺夫勒城堡

诺夫勒城堡是玛格丽特的隐藏洞穴、避难所，同时又是一个极度沉沦、无上快乐的地方。玛格丽特在这里写了《娜塔丽·格朗热》《劳儿·V·斯坦茵的迷狂》和《副领事》。她在这个城堡遭遇过一切，遭遇最多的，是玛格丽特最擅长的孤独。

诺夫勒城堡是一座乡间别墅，在塞纳-瓦兹省的郊外，离国家公路不远。诺夫勒很有乡村特色，但是玛格丽特的诺夫勒城堡绝不能仅仅满足于普通的诺夫勒，这座乡间的房子也不能像别的房子一样平常。

首先，这是一座一年四季都有人住的房子。玛格丽特是在这里安家，而不是风一样地来来去去。在诺夫勒城堡，玛格丽特产生了非常强烈的存在感。其次，所有人都承认，玛格丽特确实有整理房子的天赋。

雅尔罗非常喜欢这座房子，他成功说服了玛格丽特离开圣伯努瓦街，搬到诺夫勒城堡和她一起生活。每个周末和假期，城堡都会对巴黎的老朋友敞开大门：罗伯特、莫尼克·安仄尔姆、迪奥尼斯和他的妻子索朗日、爱德加·莫兰、路易·勒内·德弗莱和其朋友……以及其他所有的朋友。

迪奥尼斯喜欢侍弄花草，他霸占了城堡的花园。的确，迪奥尼斯是一个出色的园艺师。他在花园里种满了芍药和古典玫瑰，为玛格丽特建造了一座迷人的花园。

一次，玛格丽特与迪奥尼斯争吵后，干脆把这座花园完全让给了迪奥尼斯。从来没有插手过园艺活动的玛格丽特写道："玫瑰继续在蔓延，这会儿共有九万朵玫瑰，它们简直要把我给杀了！"

诺夫勒城堡有很多猫，很多很多的猫。这些猫都是玛格丽特从路边拣回来没人要，或是自己找上门来要饭的。这里还有很多垫子，很多很多的垫子。沙发上、桌子上、地板上，到处都有垫子。玛格丽特在每张桌子上都摆放了干花，凋谢的花。在诺夫勒城堡不同于圣伯努瓦街，鲜花即使凋谢了也不能扔进垃圾箱，这是一条原则。

诺夫勒城堡整夜都亮着灯，睡床在晚上搭起来，白天再拆掉。这里还有一架走音的钢琴，随便谁都可以来弹。这架钢琴后来被写进了《娜塔丽·格朗热》。

诺夫勒城堡是一座庄园，玛格丽特将她布置成了度假村，城堡的一切都显得自由轻盈。白藤质地的家具、殖民地的异国情调、菘蓝色的布料……在这里，每个人都可以自由选择属于自己的房间。放钢琴的房间、有壁炉的房间、饭厅……所有的房间都是相通的。

清晨，在城堡里醒来可以听到树林里鸟儿的鸣叫，傍晚会从公路上传来放学孩子们的笑声和汽车的声音。春天，可以欣赏盛开的芍药和玫瑰，冬天可以在雾中沿着莫尔德勒河散步。

在这座房子里，处处畅通无阻，可以随便地来来去去。房子附近的树木里，既有千年古树，也有才种下不久的新树。迪奥尼斯在花园里种下了落叶松、苹果树、李子树，还有一棵胡桃树和一棵樱桃树。他还为玛格丽特种下了日本樱花树和成片的鸢尾花。在音乐房的窗下，有一株盛开的茶花，那也是迪奥尼斯·马斯科罗为玛格丽特种的。

诺夫勒城堡珍藏着玛格丽特的许多回忆，美好的、痛苦的、疯狂的……

但是，晚年的玛格丽特却很少来诺夫勒城堡了，即便回来也只待一个下午或晚上，过客一般，然后便离开了。据说，她害怕的正是自己放置的那许多东西，许多回忆。

4. 如愿以偿

一九六零年，玛格丽特被卷入了一场政治的漩涡，她离开诺夫勒城堡，回到了圣伯努瓦街。她虽没有什么政治野心，但却迷恋政治。在玛格丽特心中，没有什么比搞政治，或者说，是按照自己的意愿去搞政治更幸福、更令人心醉神迷了。玛格丽特明确表示支持阿尔及利亚独立，她重新投身于政治团体之中，和大家一起思想，一起行动，在玛格丽特看来，这是何等快乐美好的事情啊！

此次政治事件中，玛格丽特与迪奥尼斯共同起草了121宣言，这份宣言后来成了知识分子反抗"法属阿尔及利亚"的重要行动纲领之一，这是集体的声音。

宣言发表后，玛格丽特不遗余力地为《七月十四日》的出版而努力，这是一本由自由主义知识分子主办的杂志。不过，尽管欧洲知识分子雄心勃勃地想要办成自己的杂志，最终却由于资金的困难只发行了一期就停刊了。迪奥尼斯为杂志精心编排的文章未见天日便胎死腹中。

由于没有新作品的出版，玛格丽特也陷入了经济危机。为了购置诺无勒城堡，她向蒂诺德·洛朗蒂斯借了许多钱，日子过得很拮据。到了月底，玛格丽特常常身无分文。由于经济的困难，玛格丽特将《广岛之恋》的电影剧本卖给了出版社。

《广岛之恋》成功后，不少制片商邀请玛格丽特加盟。于是，玛格丽特与热拉尔·雅尔罗合写了《长别离》，又接受皮特·布鲁克的意见，将《琴声如诉》改编成了电影。

《琴声如诉》于两年后上映，但玛格丽特否定了这部片子，尽管她对女主人公的扮演者让娜·莫罗很欣赏。玛格丽特很尊重她，对她也很友好。在玛格丽特看来，造成影片失败的罪魁祸首是导演皮特·布鲁克。"皮特·布鲁克一点儿也没搞懂，"玛格丽特不止一次这样说。但正是这部她不喜欢的片子，使玛格丽特绕过镜头，重新回到了写作中去。

此时，玛格丽特唯一担心的就是如何回归到小说创作上。在玛格丽特的脑中，各种各样的灵感、欲望、记忆相互碰撞，她需要时间将它们整理清楚、翻译出来。这时的玛格丽特越来越像个译者，而非创造者。她只是在把自己内心的东西翻译出来，而非翻新语言形式的创造。

玛格丽特曾一度被文学圈子所摒弃，而这个圈子很快又接纳、承认了她。

一九六零年，玛格丽特被选为梅迪西斯评委，接替皮埃尔·加斯卡尔的位置。玛格丽特做了六年，与菲里西安·马索、娜塔丽·萨洛特、阿兰·罗布格里耶以及克洛德·罗伊在一起。后来，她和娜塔丽·萨洛特、克洛德·罗伊一起辞职，原因是"委员会将奖项考虑得比书的内容本身更重要"。

此间，玛格丽特融入了文学界里的贵族圈子，她被电影、散文艺术领域时下最权威的批评家所推崇。

玛格丽特对自己的作品评价很高，朋友和出版商都不能对她的作品有一点微词。关于玛格丽特的写作，一切都发生在她和自我之间。"我写作只是为了把我放进书里。为了减轻我的重要性。但愿书能够取代我的位置。我是想借助书的出版把自己杀死、溺死，彻底损毁。推销我自己。在大街上睡觉。这成功了，我写得越多，自己的存在感就越轻。"

玛格丽特开始疯狂地写作，她写得越来越多，四年完成了六部作品。其中包括戏剧、电影，还有小说。《安德马斯先生的下午》和《夏日夜晚十点半》就是在此期间完成的。

玛格丽特开始飘飘欲仙了。她不停将小说改编成戏剧剧本，不停替电影界机械地编写各种剧本，在报纸上发表文章，最后竟然还做起了电台节目主持人。玛格丽特喜欢大家围绕着她的感觉。当年，玛格丽特被女性杂志《她》推选为"当今最懂爱情的作家"，为此玛格丽特感到非常骄傲。

在电影方面，玛格丽特同样有很多计划。让娜·莫罗急于得到《直布罗陀的水手》的版权，米歇尔·米特拉尼在等她改写《没有奇迹》的剧本。

　　成功一个接着一个,大家似乎都有这样一种感觉:只要经过玛格丽特的手,就一定行得通,一定会讨人喜欢,有了玛格丽特就有了保障。玛格丽特的戏剧不断地重复演出,她知道自己写得实在太多,以至很难保证作品的品质。但是,玛格丽特辩解说:"对于那些订货性的作品,我只是觉得很有趣。我的全部精力仍然放在文学创作上。"

第十章　尾声

1. 酒精

一九六四年夏，玛格丽特完成了《劳儿·V·斯坦茵的迷狂》，这是玛格丽特自我意识消失的开始。从此，玛格丽特开始了自我放弃、自我荒芜的人生阶段。

这是一部标志性的作品，也许在创作过程中，玛格丽特的自我意识过于强烈，以至于在将作品手稿交给罗伯特·伽利玛时，玛格丽写下了这样一段话："完成了。我无法再重读一遍。我做不到。兽性的她就在那里，我喜欢她。"

劳儿是谁？一个女疯子？一个无法控制自己思想，精神错乱的人吗？

创作《劳儿·V·斯坦茵的迷狂》时，玛格丽特倾注了自己全部的精力和感情，故事情节令她难以自拔，混淆了她的世界。小说中的劳儿就是玛格丽特，现实中的玛格丽特就是小说中的劳儿。玛格丽特颤抖着将自己抹去，将自己融在小说中，与劳儿融为一体。

玛格丽特很美，敏感，但总是一副懒洋洋的样子，永远在勾引别人。玛格丽特无法接受自己在爱情中的迷失，更无法平息想要得到肉欲欢娱的疯狂的欲望。焦灼的痛苦，强烈情绪的阵阵波动，她把爱情这人间最大的幸福当成最深切的痛苦来体验。没有人能走近她，她甚至对自己也关上了门。

玛格丽特总是一边喝酒一边描写黑夜，她笔下的爱情总是那么可怕，迷失、惶恐、吼叫、残酷、吞噬一切，海水、黑夜、泪，没完没了。

玛格丽特不停地逃避，逃避爱情，逃避社会归属，逃避情人，逃避读者，逃避自己。她生活在恐惧与颤抖之中，对身边的人和事已不能理智对待了。玛格丽特一直在轻微的"时差"中生活，一种与世界、与内心完全隔绝的"时差"。

在创作这部作品时，玛格丽特经常问自己是不是已经疯了，她将自己疯狂的恐惧传递给了劳儿。

《劳儿·V·斯坦茵的迷狂》完成后，玛格丽特暂时放弃了酒精，进行了一次戒酒治疗。

戒酒治疗令玛格丽特饱受折磨，她整日与酒精斗争，与痛苦、艰难、孤独斗争。她对自己一点儿也不温柔，整个人在燃烧，在消耗。

玛格丽特觉得自己太不幸了，要承受雅尔罗的种种艳遇，无时无刻不被嫉妒和猜疑所折磨。更糟糕的是，接受戒酒治疗的玛格丽特滴酒不沾，她对自己没有丁点儿怜惜，当绝望潮水般来袭时，她无力抵挡，连将绝望浸溺而死的酒精都没有。玛格丽特脆弱的神经被痛苦撕扯着，随时都有崩溃的危险！

于是，玛格丽特决定离开雅尔罗独自生活。她将他赶出了诺夫勒城堡，态度十分坚决。从此，他们再也没有见过面。

离开雅尔罗的一段日子，玛格丽特非常痛苦。她整天沉陷在忧郁之中不能自拔，一个人孤独地过着绝望的日子。

一九六六年二月二十一日，热拉尔·雅尔罗去世。玛格丽特没有见他最后一面，只是自己一个人留在了诺夫勒城堡。

此时的玛格丽特已经精疲力竭、支离破碎。在巨大的悲痛和吞噬灵魂的孤独中，玛格丽特放弃了戒酒治疗，又开始不停地喝酒，而且喝得更多，非常可怕。

玛格丽特不停地喝，酒瓶里装着好几升威士忌，她几乎不吃饭，每天只是喝酒。她告诉朋友，自己之所以喝酒是因为她知道上帝并不存在，并不会光顾拯救自己，因此她总是一边喝一边背诵

《福音书》。

"酒精就是为了让我们可以承受世界的空茫、星球的摇摆，承受它们在空间永不停止的转动，承受它们面对你的痛苦漠然的沉默。"

酒精的作用使玛格丽特进入了一些她从未进入过的领域，她觉得自己就是那里的女皇。酒精可以让她重新凝聚起力量，不至被孤独炸得粉碎。在她和酒精的世界里，玛格丽特没有历史，也没有生活。

一九八零年一月的一天夜里，玛格丽特的朋友——米歇尔·波尔特突然接到了玛格丽特的电话，电话中，玛格丽特向米歇尔抱怨自己活得太累了。接到电话，米歇尔急忙赶过去看她。房间里的玛格丽特完全是个醉鬼的样子：她步履蹒跚，半睁着眼睛却什么也看不清。

米歇尔将她送到医院，医生诊断她为忧郁症，并开了许多抗抑郁的药，但医生悄悄告诉米歇尔，玛格丽特可能活不到一年。

2. 扬·安德烈亚

玛格丽特在圣日尔曼-昂拉耶医院住了两个月，便不顾医生阻拦出院了。出院后，米歇尔·波尔特与玛格丽特搬到了一起照顾她。在米歇尔的照顾和安慰下，玛格丽特很快康复了。

春暖花开时，玛格丽特经常要米歇尔陪她一起走出家门，到田间郊外散步，玛格丽特的精神逐渐恢复过来。玛格丽特喜欢欣赏麦田的颜色，还经常接待儿子的朋友，做饭，看电视，甚至可以接受大学生的采访……

九月的一天，扬·安德烈亚突然闯进了玛格丽特的生活。她不会知道这将是她最后一次恋情，她生命中最后一个男人，一直到生命尽头，都将倾听、注视、将她抱入怀中的男人。

几个月来，一直有一位卡昂的大学生给玛格丽特写信，他写了很多很多，都是些非常美的信，有些甚至美得超乎玛格丽特的想象。虽然玛格丽特有时竟会等待他的来信，但对于这些信，玛格丽特一封也没有回过。

这个年轻的来信男子渐渐成了玛格丽特的知心朋友、绝望中的同伴。也许，在玛格丽特脑中早已无数次虚构过这样一个男子，而这一次，虚构变成了现实。玛格丽特想象了一个男人。而这个男人真在这里，他在，在等她。

后来，扬·安德烈亚给玛格丽特打了电话，要求见她。此时，玛格丽特虽正处于极度的孤独之中，但她拒绝了："我还有工作，我不喜欢新朋友。"之后他的电话，玛格丽特便不再接了，但扬·安德烈亚仍然每天给玛格丽特打电话。为了躲避他，玛格丽特去参加了意大利电影节。

扬·安德烈亚并没有放弃，他仍然每天打给玛格丽特，直到她回来。于是，玛格丽特决定接受他的拜访。

很快，玛格丽特便用爱吞噬了他，扬成了玛格丽特爱情的俘虏。扬被激情吞噬了，自愿被玛格丽特夺走一切：他的夜晚，他的时间，他的爱情，他的世界。扬是玛格丽特的同伴、情人、知心朋友，是他的司机、保姆、护士，甚至是出气筒。

扬希望玛格丽特可以帮助他成为作家，但受到过雅尔罗的教训，玛格丽特拒绝了扬，一点儿忙也不肯帮。

几天后，扬离开了，杳无音信。玛格丽特等着他，她已经无法再独自面对黑暗的房间。玛格丽特看见了痛苦的产生，已经产生了，事实面前，她不得不投降，即使错误，即使不可能，但她已经爱上了他！

因为爱他而痛苦，因为爱他而受折磨。玛格丽特爱扬，只有他能给予她写作的欲望，能令她产生写作的动力和能力。但扬，只爱男人。

几天后，扬回来了，把自己关在黑暗的房间里。扬很恋酒，而且放纵玛格丽特，于是两人一起沉溺于酒精，整箱整箱地买酒，整夜整夜地喝酒。扬不知道玛格丽特正在走向死亡。

酒精使玛格丽特极为暴躁，她离不开扬，也离不开酒杯。酒精激发了她的嫉妒心，她嫉妒扬的情人，嫉妒他的同性恋情人。嫉妒几乎将玛格丽特整个吞噬掉，但她无力阻止，于是将怨恨发泄在了扬身上。她勾引他、挑逗他，无法挑起他的激情便咒骂他，语言极尽肮脏龌龊。

玛格丽特彻底错乱了，她嫉妒一切，甚至自己的作品！她编造了一个世界，在这个世界里，所有她笔下的人物都是真实存在的，她嫉妒笔下的女人，嫉妒令她痛不欲生。

但扬理解她、安慰她，他心中虽不相信玛格丽特笔下人物的存在，但他仍愿意与玛格丽特生活在一起。和玛格丽特共同生活，就意味着与玛格丽特、与玛格丽特笔下的幽灵共同生活。

玛格丽特的爱令扬十分痛苦，她对肉体之爱的欲望太强烈了，而他在这方面却无能为力。扬几次出走，又几次回来，他既害怕又无法拒绝玛格丽特的激情，变态的、可怕的激情。

玛格丽特与扬之间的关系微妙又复杂，为了证明自己的魅力，她一次次地为扬设下女人诱惑的陷阱。但这些陷阱，只是使扬越来越害怕，越来越想远离。

好在酒精和写作一直是玛格丽特与扬的共同爱好。玛格丽特疯狂地酗酒，将自己溺毙在酒精中，然后开始写作。玛格丽特逼扬为自己打《蓝眼睛黑头发》的手稿，这令他痛苦万分，不停吼叫。压抑的情绪令扬忍无可忍，只好去找英俊的男人。

扬不让玛格丽特继续写作，他趴在玛格丽特怀里哭泣，骂她也骂自己。他骂她是个疯子，诺曼底海岸的妓女，为她感到尴尬。

虽然扬恐惧玛格丽特的创作，但当她写书的时候，他却总是很安静。他静默着，不发出一点声响，死一般的静默渗入了玛格丽特内心深处：力不从心，不能再爱你，也不能爱自己，没了深夜你在身边拥抱我。

《蓝眼睛黑头发》出版后，书评家们给予了这部小说极高的评价：仿佛黑夜深处和疯狂深处的童年。解除了戒备，美丽且纯净。

小说的成功并不能使玛格丽特的身体好起来，由于过度饮酒，玛格丽特的身体已经完全毁了。没有扬的搀扶，玛格丽特根本无法行走，没有扬，玛格丽特什么也做不了，哪儿也去不了。

但扬放纵着玛格丽特，两个人仍然整夜喝酒，没有任何节制。他们每天喝六到八升葡萄酒，根本不吃任何东西。酒精使两个人都变得面目可憎，尤其是面对对方的时候。

玛格丽特将自己与扬关在房间里，不再出门。她像一头隐居在阴暗巢穴中的老狮子，有一张备受摧残的脸，身体上满是皱纹，令人沮丧、恶心的皱纹。失去了美丽的容颜，失去了健康活力，失去了爱情信仰，甚至失去了在男人面前的魅力，她已经没什么可以再失去了。

她仿佛一个破布娃娃，脏兮兮的，颤抖、消瘦、疲惫、憔悴、苍老，被爱情和自己彻底摧毁了。她整日握着酒瓶在房间里醉醺醺地等待着死亡，没有一刻能达到内心的平和，也无法接近任何一种正常的生活方式。

玛格丽特与扬之间的争吵越来越多，大多因为极小的生活细节争吵。但两人似乎都喜于暴露这种关系，于是更多地在公众面前争吵，不管别人想不想听，只为满足自己的报复心。她是个过来人，一个转过一圈的女人，举目都是绝望的爱情却没有死。

　　知道自己得了肺气肿，玛格丽特极为恐慌。她呼吸困难，不知如何面对一切，于是越发恐惧，更加不出门了。玛格丽特一天天虚弱下去，她看不见自己的明天，却能感觉到生命的尽头，这使她越发恐惧孤独。扬成了她的护士、管家、守护者，两人早已超出了情人的关系，但又不知该如何定义这种关系，两人之间的感情依然难结难了。

　　玛格丽特不再描述自己，但她仍然决定着一切，将自己的意愿强加于人，过分的强势令扬不愿靠近，她的自大泛滥得令扬厌倦。玛格丽特每天只是躲在床上，握着酒瓶，目光空茫，不知在想什么。她眼看着自己被割舍，眼看着自己垮下去，从在意到不在意，最后绝望地享受孤独。

3.《情人》

　　扬不再和玛格丽特一起生活，但是却沉浸在杜拉斯的世界里。

　　玛格丽特变得很快乐，给人一种能够更好地生活的感觉。她减少了酒精的摄入，喝酒只是为了写作。她重新开始的写作方式加进了小女孩式的"爆裂、破碎"，这种词语的运用令她产生了在寻求简单中走得更远的欲望。

　　在《情人》这本最终将她推上事业最高峰的小说中，玛格丽特写了很多故事，这些故事词语轻松灵动，仿佛从心中涌出的潮水，像海潮一样奔跑、碰撞，溢出的水花马上被固定在纸上，形成迷人的语句。

　　《情人》的出版出自绝对的偶然。一九八三年，乌塔在整理诺夫勒橱子的时候找到了《情人》的手稿。那是一本小学生的簿子，上面记录了玛格丽特与雷奥的故事，玛格丽特以为自己已经永远丢失了这本手稿。乌塔为小说特意制作了家庭影集，以证明这部小说的真实性。

于是玛格丽特接受了乌塔推荐给她的两个年轻的出版商，将这部被人遗忘了几十年的小说出版了。

一九八七年春，玛格丽特计划将《情人》改编成电影，但她没有亲自执导。已经伤了根本的身体状况令她感到力不从心，此时的玛格丽特苍老而疲惫。尽管如此，玛格丽特最终还是在朋友和导演的鼓励下，在一间小录音棚里为《情人》献了声。她无法平静地读出这个故事，在读到小哥哥的死时，她泣不成声。

关于《情人》的叙述，玛格丽特每次版本都不一样，尽管每个版本都非常迷人。她承认自己在叙述过程中添油加醋，绕过了色情的背景，打乱了情节发展的顺序，她甚至将故事题材由初恋改编成了小女孩挖掘自己写作潜力的励志篇。

影片在混杂着许多对话的叙述中逐渐成型，杜拉斯并不赞成自己出现在电影结尾处的提议，但为了增强电影的可信度，她接受了这个做法。

一九八七年八月二十日，杜拉斯完成了电影改编的第一稿。紧接着她便被送进了医院，奄奄一息。

一九八八年十月，玛格丽特接受了手术治疗。但手术结果并不好，玛格丽特陷入长期的昏迷状态。拍摄计划只好由导演热拉尔·布拉赫单独进行。

玛格丽特就这样在病床上昏迷了九个月，一九八九年六月，玛格丽特·杜拉斯竟然奇迹般苏醒了！

玛格丽特说："生命就是这么乱七八糟的，根本无法理解。没有人能理解。"但她是个特例，绝对的特例。玛格丽特一生都在破坏规矩，她是真正的奇迹。

到了一九八九年秋天，杜拉斯竟然再次奇迹般地康复了！

是她的作品——《夏雨》唤醒了她。醒来后，玛格丽特便急着要《夏雨》的手稿，说里面有一句话写得不好，仿佛昨夜才停笔一样。

九个月的昏迷，玛格丽特仿佛睡了很长很长的一觉，醒来后忘记了所有的不快，沉浸在幻觉中，是想象王国的女王。无论玛格丽特想象的王国多么虚无得让人无法理解，但这毕竟使她重又活了过来，立稳了生命的脚跟，而且变得安静平和。

几个月后，《夏雨》完成了，带着穿越死亡之路的痕迹。玛格丽特将它献给了自己的主治医生——艾尔维·松斯。其实，真正延长生命的是玛格丽特自己，而不是医学，是玛格丽特内心想要活下去的欲望。玛格丽特永远相信自己的精神力，她有一种孤独的能量，尤如地狱少女般的怨念。

于是玛格丽特又开始投入写作。她重写了《死亡的疾病》，并将其改名为《眠》，这部小说充满着阳光与温暖。玛格丽特试图在秋日的暖阳中，以温柔的方式，探究自己与那位曾说过爱她的同性恋男子的爱情。

《眠》出版后，玛格丽特在圣伯努瓦街与热拉尔·布拉赫见面，她对电影的拍摄效果很不满意，觉得他们剽窃了她的电影。就电影中"中国人的车子穿过坑坑洼洼的路面"时，路面是泥泞还是泥浆的问题，他们讨论了三个多小时。

在漫长而复杂的磋商过程中，扬·安德烈亚一直躲在幕后照顾着杜拉斯的饮食起居。磋商的结果使杜拉斯获得了巨大的经济利益，包括五十万法郎的版权违约金、五十万法郎的电影脚本违约金、百分之十的电影利润等。这还不算《情人》已经高达一千五百万法郎的最初版权转让费。因此，杜拉斯在《情人》这部电影中赚足了金币。

巨大的经济利益并没有填满她对《情人》的情感空洞，于是她又重新对《情人》进行修改，在原有的剧本上裁剪增添，最终于一九九零年五月改编好，并以《来自中国北方的情人》为题重新出版，基调是一种难以描述的优雅。担心小说被改编成电影时会再次被改得面目全非，杜拉斯在书后特意附了三页电影拍摄大纲。

正在这时，她接到一个电话，得知她的情人已经去世很久了。

杜拉斯躲在这部小说中一年多才从中走出来，出来时，所有的情感都得到了沉淀，往事里满是回忆的馨香。痛楚的依靠、美妙的不幸、恐惧却深爱着的母亲……

4. 蒸发

一九八九年十月二十五日，罗伯特·安泰尔姆去世了。玛格丽特没有参加他的葬礼，她很烦躁。此时的玛格丽特耳聋眼花，腿脚十分不灵便。但即使这样，她仍会偶尔下厨，甚至写些带有文学色彩的菜谱。这就是女神杜拉斯！

一九九二年十一月，多米尼克·帕伊尼为杜拉斯在法国电影院组织了电影回顾展。在回顾展上，玛格丽特看到了好多曾以为早已遗失的片子，这令她激动不已。回顾展的放映厅里座无虚席，大都是年轻人，玛格丽特被充满活力的年轻人包围着，感到无比幸福。

玛格丽特·杜拉斯喜欢自己的作品，喜欢自己，喜欢与自己有关的一切，包括亲手创造的扬。她越来越喜欢扬，对他的激情日渐加深，有一种从来没有见过他的感觉。虽然现在的杜拉斯衰老、羸弱，但她对扬始终有一种夹杂着希望的恐惧。

对于玛格丽特羸弱的身体而言，她实在说得太多了，她又重新回到了原来的自恋状态。她知道自己说了很多，多得无法再写，但她控制不了自己，无法自抑地喋喋不休。她藐视一切，批读者、媒体、出版商，所有批评或者追捧她的人，除她自己外的所有人。

在此期间，玛格丽特出版了《写作》，这是一部像遗嘱一样的作品。《写作》出版后，她再也不能提笔写作了，再也无法体验将情感付诸笔端的释放与快感了。但她想写，她还有感情要抒发，"活着成了死亡的激情"。

玛格丽特希望在自然死亡前被扬杀死，希望用摧毁性的死亡凝固住浪漫的激情。但扬怯懦、温柔而纯洁，他只是鼓励玛格丽特重新整理《泰奥朵拉》的线索，鼓励她继续写作，不要中断，担心一旦中断她便会死去。玛格丽特似乎就是为了完成作品才继续活下去的，但她能够感觉到自己的时日所剩无多，她常常担心自己连一张纸还没有写满就死了。

玛格丽特对死亡有着奇特的兴趣，关于肉体死亡的体验，关于精神死亡的恐惧，关于死后世界的猜想，这些都令她心驰神往。

玛格丽特喜欢参观公墓，把公墓看成最喜欢的风景来浏览。在坟墓旁，她常用一种呻吟的语调尝试着与上帝和死神对话，从来没有什么能像死亡这样带给她如此强烈的震撼，她完全被俘虏了，不能自拔。

陷入死亡猜测的玛格丽特渐渐不喜欢人群了，她将自己封闭起来，只见扬、乌塔和另一个女友，其他任何人都不见。她只在夜里出门，和扬一起沿着不知名的路开，迷失在巴黎郊区，遇到小酒店就停下来，天一亮，就把自己关进房间。她再一次沉浸在了自己的内心世界。

乌塔偷偷将玛格丽特和扬转移到了诺夫勒城堡，他在那里为他们拍了照。他拍下的玛格丽特美丽而忧郁，催人泪下。

玛格丽特不再写了，她关上了门，越来越少见人，最后什么人都不见了，直到去世。在玛格丽特生命最后的日子里，只有扬陪在她身边，扬想让她安静地躲着。

扬滤掉了所有的电话，玛格丽特渐渐远离人群，人们不知道玛格丽特是否还活着，她就这样淡出消失了，仿佛人间蒸发。扬将玛格丽特与外界隔离开来，远离世界的噪音，也没有浮华和虚荣。她在等待死亡，扬是她的看守，守护宁静，守护死亡。

迪奥尼斯在玛格丽特死前一个月见过她，最后一次按门铃时，是玛格丽特来开的门。她看了他很长时间，将他拥入怀中，对他说："我们俩曾经非常相爱。"

玛格丽特不愿意死，她要扬把她所有的作品再读一遍，读给她听。她边听边说，不停地说，说了一些很重要的东西，扬将它们记录了下来。玛格丽特最后一本书《一切结束》就是这样写出来的。

一九九六年三月三日，下午一点，玛格丽特被抛入了死亡之中。她不愿意死，耗尽最后一丝气力抵抗着。但扬已经为她做好了准备，已经准备好离开。玛格丽特眼睛睁着，留下了在这世上的最后一句话：

我爱您。

再见。

附录

杜拉斯生平

玛格丽特·杜拉斯（Marguerite Duras,1914年4月4日-1996年3月3日），法国当代最著名的女小说家、剧作家和电影艺术家。

1914年，玛格丽特·多纳迪厄出生于印度支那嘉定市（即后来越南的西贡/胡志明市）。玛格丽特有两个哥哥，父亲是中学教师，母亲是小学教师。玛格丽特在印度支那度过了童年和青少年时代，这成为了她日后创作灵感的源泉。

1942年出版处女作《厚颜无耻的人》，接着又出版《平静的生活》《抵挡太平洋的堤坝》《直布罗陀的水手》等小说。

1943年玛格丽特把自己的姓改成了父亲故乡一条小河的名字——Duras 杜拉斯。杜拉斯在大学里学过数学、法律和政治学。毕业后从1935年到1941年在法国政府殖民地部当秘书，后来参加过抵抗运动并加入共产党。

1955年，玛格丽特·杜拉斯被开除党籍。她的自传体小说《抵挡太平洋的堤坝》（1950年）使之一举成名。后来作品中，杜拉斯通常描写一些试图逃脱孤独的人物。

杜拉斯的早期作品形式比较古典，后期作品却打破了传统的叙事方式，并赋予心理分析新的内涵，给小说写作带来了革新，常被认为是新小说派的代表作家，但遭到作者本人的否定。

当法国掀起新热潮后，法国文坛也随之产生了新小说运动。玛格丽特因在1958年出版的小说《琴声如诉》而被誉为新小说代表作家之一，曾获文学奖。

1959年，著名导演阿兰·雷奈请她为他的第一部剧情长片《广岛之恋》撰写电影剧本。这部作品在法国大受欢迎，创下很高的票房纪录，而玛格丽特·杜拉斯的名字也传遍了世界。之后她编剧的另一部影片又获大奖，杜拉斯的名气更响了，她的小说纷纷被改为电影。

1966年，玛格丽特·杜拉斯开始了导演生涯。由她亲自执导的电影包括《印度之歌》《孩子们》等。

1984年，小说《情人》获得龚古尔文学奖。杜拉斯的文学作品包括40多部小说和10多部剧本，多次被改编成电影，如《广岛之恋》（1959）、《情人》（1992）等。

1996年3月3日，玛格丽特·杜拉斯逝世，葬于蒙帕纳斯公墓。

杜拉斯年表

1914年　玛格丽特·多纳迪厄生于印度支那（现为越南南部）嘉定市，有两个哥哥，父亲是中学教师，母亲是小学教师。

1921年　父亲去世。

1924年　母亲在波雷诺（柬埔寨）买了一块不能耕种的土地，带着玛格丽特和两个儿子住在金边、永隆、沙沥。

1939年　与罗伯特·安泰尔姆结婚。

1940—1942年　同菲利普·罗克合作，在伽利玛出版社出版《法兰西帝国》，并在书籍组织委员会工作。玛格丽特的作品《塔纳朗一家》遭到伽里玛出版社拒绝。玛格丽特第一个孩子夭亡。玛格丽特的小哥哥在中国抗日战争期间去世。同迪奥尼斯·马斯科洛相识。

1943年　以玛格丽特·杜拉斯为笔名发表《无耻之徒》。参加莫尔朗（即弗朗索瓦·密特朗）领导的抵抗运动的活动。

1944年　R.安泰尔姆被捕并被放逐到布亨瓦尔德，然后放逐到达豪（参见《痛苦》）。玛格丽特加入法国共产党，任维斯孔蒂街党支部书记，成立寻人处，出版《自由人》报，刊登战俘和被放逐者的情况材料。发表《平静的生活》。

1945年　R.安泰尔姆回来，玛格丽特同R.安泰尔姆一起成立万国出版社。

1946年　在意大利同R.安泰尔姆离婚。

1947年　儿子让·马斯科罗出生。

1950年　发表《抵挡太平洋的堤坝》，并于同年被开除出法国共产党。

1957年　与D.马斯科罗分居。

1958年　发表《琴声如诉》。玛格丽特从1955年起反对继续进行阿尔及利亚战争，后又反对戴高乐政权。为各种周刊和杂志撰稿。

1959年　为阿兰·雷奈写《广岛之恋》电影剧本。

1960年　当选为美第奇奖评委，但于几年后辞职。"如果存在一个否定的评委会，我就参加。"

1961年　为亨利·科尔皮的影片写《长别离》，这个电影剧本是同1963年美第奇文学奖获得者热拉尔·雅尔罗合作的结果。

1968年　参加五月风暴事件。在《绿眼睛》中可读到关于大学生和作家行动委员会诞生的政治论文，但该文被委员会否定，委员会在不久后解散。

1975年　《印度之歌》在戛纳电影节期间获法国艺术片影院及实验电影院协会奖。

1976年　《整天在树木之中》获让·科克托奖。

1982年　在纳伊的美国医院进行戒酒治疗。

1984年　《情人》获龚古尔奖。

1985年　发表《痛苦》。7月17日在《解放报》上发表一篇文章，玛格丽特·杜拉斯在"魏尔曼案件"中所持的立场引起一部分读者的敌对情绪和好几位女权主义者的论战。

1986年　《情人》获里茨-巴黎-海明威奖，是"当年用英语发表的最佳小说"。

1988—1989年　严重昏迷住院。

1990年　R.安泰尔姆去世。

1991年　发表《来自中国北方的情人》。

1996年　玛格丽特·杜拉斯逝世。